Fehleinschätzungen bei der Eröffnung von Insolvenzverfahren

Europäische Hochschulschriften Recht

European University Studies in Law

Publications Universitaires Européennes de Droit

Band/ Volume **6125**

Florian Harig

Fehleinschätzungen bei der Eröffnung von Insolvenzverfahren

PETER LANG

Bibliografische Information der Deutschen Nationalbibliothek
Die Deutsche Nationalbibliothek verzeichnet diese Publikation in der Deutschen Nationalbibliografie; detaillierte bibliografische Daten sind im Internet über http://dnb.d-nb.de abrufbar.

Zugl.: Kiel, Univ., Diss., 2019

D 8
ISSN 0531-7312
ISBN 978-3-631-80497-1 (Print)
E-ISBN 978-3-631-80498-8 (E-PDF)
E-ISBN 978-3-631-80499-5 (EPUB)
E-ISBN 978-3-631-80500-8 (MOBI)
DOI 10.3726/b16263

Peter Lang – Berlin · Bern · Bruxelles · New York · Oxford · Warszawa · Wien

Diese Publikation wurde begutachtet.

www.peterlang.com

Inhaltsverzeichnis

A. Einleitung

I.) Problemaufriss

Das deutsche Insolvenzrecht kennt unterschiedliche Verfahrensarten. Neben dem Regelinsolvenzverfahren kommt für natürliche Personen die Anwendbarkeit des Verbraucherinsolvenzverfahrens bzw. vereinfachten Verfahrens nach den §§ 304 ff. InsO in Betracht. Das Nachlassinsolvenzverfahren ist in den §§ 315 ff. InsO geregelt. Die §§ 343 ff. InsO sowie die EuInsVO regeln überdies die Zuständigkeit und die hiermit verbundene statthafte Verfahrensart im Bereich der Insolvenzverfahren mit internationalem Bezug. Die Verfahrensarten stehen national alternativ nebeneinander und weisen sowohl in ihren Voraussetzungen als auch in ihren Rechtsfolgen spürbare Unterschiede für sämtliche Verfahrensbeteiligten auf. Bei der Stellung des Antrags auf Eröffnung des Insolvenzverfahrens besteht daher kein Wahlrecht hinsichtlich der Art des Verfahrens. Die statthafte Verfahrensart ergibt sich aus den gesetzlichen Regelungen der Insolvenzordnung und ist bindend, sowohl für den Antragsteller, als auch für das Insolvenzgericht und den zu bestellenden Insolvenzverwalter. Die für die Bestimmung der Verfahrensart relevanten Voraussetzungen liegen objektiv vor, in den wirtschaftlichen Verhältnissen der Person über deren Vermögen das Insolvenzverfahren eröffnet werden soll. Erfolgt die Eröffnung des Verfahrens unter der Annahme objektiv nicht vorliegender Voraussetzungen, hinsichtlich der statthaften Verfahrensart, der Zuständigkeit des Gerichts oder der unveränderten Existenz des Schuldners, liegt eine Fehleinschätzung bei der Eröffnung des Insolvenzverfahrens vor. Diese Fehleinschätzung kann Konsequenzen im weiteren Verlauf des Verfahrens haben.

Die Entscheidung über die örtliche Zuständigkeit und die statthafte Verfahrensart ist grundsätzlich vom zuständigen Amtsgericht als Insolvenzgericht zu treffen. Funktionell zuständig für die Eröffnung sämtlicher Verfahrensarten ist derzeit der Richter. Dieser bekommt den Antrag auf Eröffnung des Insolvenzverfahrens in der Regel bereits für eine bestimmte vom Antragsteller gewählte Verfahrensart zur Entscheidung vorgelegt. Für die verschiedenen Verfahrensarten werden von den Insolvenzgerichten jeweils Antragsformulare bereitgestellt, sodass sich der Antragsteller bereits im Rahmen der Antragstellung auf eine Verfahrensart festgelegt haben wird. Zudem ist im Vorfeld der Beantragung des Verbraucherinsolvenzverfahrens bzw. des vereinfachten Verfahrens durch den Schuldner ein außergerichtliches Schuldenbereinigungsverfahren durchzuführen. Für den einen Eigenantrag stellenden Schuldner ist daher bereits im Vorfeld der Stellung des Eröffnungsantrags beim zuständigen Insolvenzgericht die Frage zu klären, welche Verfahrensart durch ihn zu wählen ist, um als Verbraucher ggf. zunächst eine außergerichtliche Schuldenbereinigung nach § 305 InsO anzustreben. Soweit sich für den Richter aus dem Antrag nicht konkrete Anhaltspunkte über die Möglichkeit des Vorliegens der Voraussetzungen einer anderen Verfahrensart ergeben, wird die Entscheidung in der Regel auf die beantragte Verfahrensart fallen. Das Vorliegen der jeweiligen Eröffnungsvoraussetzungen ist durch den Antragsteller im Eröffnungsantrag darzustellen und ggf. glaubhaft zu machen. Der Richter hat bei Zweifeln im Wege der Amtsermittlung weitere Nachforschungen anzustellen und den Sachverhalt abschließend zu prüfen. Nach der Eröffnung des Insolvenzverfahrens steht dem Schuldner grundsätzlich die Möglichkeit der sofortigen Beschwerde zu. Der vom Gericht bestellte Insolvenzverwalter ist an die gewählte Verfahrensart gebunden und hat das Verfahren im Rahmen der jeweils geltenden gesetzlichen Regelungen durchzuführen.

Aufgrund der unterschiedlichen Regelungen der verschiedenen Verfahrensarten ergeben sich im Rahmen der Verfahrensabwicklung ggf. Vor- oder Nachteile für einzelne Beteiligte, sofern es zu einer Eröffnung im Wege der objektiv falschen Verfahrensart gekommen ist. Bei dem Großteil der „falsch" eröffneten Verfahren dürfte kaum einem der Beteiligten die Fehleinschätzung des Antragstellers und des Insolvenzgerichts bewusst werden. Eine Ausnahme hierbei ist der Insolvenzverwalter bzw. der frühere Treuhänder, da dieser im Rahmen der Bearbeitung des Verfahrens einen wesentlich detaillierteren Einblick in die tatsächlichen wirtschaftlichen Verhältnisse des Schuldners erhält als der Richter im Rahmen eines unauffälligen Antrags auf Eröffnung des Insolvenzverfahrens. Doch auch wenn die Eröffnung in der falschen Verfahrensart nicht zu Bewusstsein der Beteiligten kommt, können sich durch das Durchlaufen der gewählten Verfahrensart in verschiedenen Bereichen erhebliche Unterschiede und Folgen ergeben. Diese Folgen können je nach Sachverhalt sowohl Rechtspositionen des Schuldners als auch solche der Gläubiger betreffen.

II.) praktische Relevanz

Sofern gegen die Eröffnung des Insolvenzverfahrens von einem nationalen Gericht in einer bestimmten Verfahrensart nicht innerhalb der gesetzlichen Frist die Beschwerde eingelegt, der Eröffnungsbeschluss also rechtskräftig wird, ist das Verfahren grundsätzlich in der festgelegten Verfahrensart durchzuführen. Bestimmte Regelungen der jeweils anderen Verfahrensart sind hierdurch ausgeschlossen. Die Entscheidung des Richters und die Reaktion des Antragstellers bzw. des Schuldners hierauf spielen daher für den Verlauf des Insolvenzverfahrens eine wesentliche Rolle.

Die Abgrenzung der Verfahrensarten bei natürlichen Personen richtet sich im Wesentlichen danach, ob eine natürliche Person selbstständig tätig ist oder vormals selbstständig tätig war und die zur Eröffnung des Verfahrens führenden Verbindlichkeiten noch aus dieser Selbstständigkeit stammen. Im diesem Fall ist das Regelinsolvenzverfahren die statthafte Verfahrensart. Sofern die selbstständige Tätigkeit noch anhält, fällt die Zuordnung daher leicht. Abgrenzungsprobleme kommen eher bei ehemals selbstständig tätigen Personen auf. Hier kann das Regelinsolvenzverfahren die statthafte Verfahrensart sein, wenn aus der Zeit der Selbstständigkeit noch wesentliche Forderungen gegen den Schuldner vorhanden sind. Sollten derartige Forderungen im Wesentlichen nicht mehr vorhanden sein, kommt das vereinfachte Insolvenzverfahren in Betracht, das dem Verbraucherinsolvenzverfahren entspricht.

Die Zahl der ehemals selbstständig tätigen Personen über deren Vermögen ein Insolvenzverfahren beantragt wird, erreichte laut Erhebungen des Statistischen Bundesamts in den Jahren 2016 und 2017 jeweils nahezu die Zahl der Unternehmensinsolvenzen. Das Statistische Bundesamt weist die ehemals selbstständig tätigen natürlichen Personen gesondert nach Regelinsolvenzverfahren bzw. vereinfachtem Insolvenzverfahren aus. Die ehemals selbstständig tätigen Personen über deren Vermögen das Regelinsolvenzverfahren beantragt wurde, machten hiernach im Jahr 2016 einen Anteil in Höhe von rd. 10,8 % und im Jahr 2017 von rd. 11,7 % der insgesamt beantragten Insolvenzverfahren aus, während die vereinfachten Verfahren über das Vermögen von ehemals selbstständig Tätigen in 2016 einen Anteil von rd. 5,7 % und in 2017 einen Anteil von rd. 5,5 % der Verfahren ausmachten. Insgesamt waren daher in 2016 und 2017 zwischen 16,5 % und 17,2 % der Insolvenzen solche, bei deren Eröffnung eine Prüfung der statthaften Verfahrensart zwischen Regelinsolvenzverfahren und vereinfachtem Insolvenzverfahren stattfinden musste. Die Anzahl von absolut jährlich rd. 20.000 Verfahren über das Vermögen ehemals selbstständiger Personen blieb in den vergangenen Jahren konstant. In jedem dieser Fälle kann durch bewusst oder unbewusst falsche Angaben der Antragsteller im Eröffnungsantrag sowie durch Fehleinschätzungen bei der Eröffnung des Insolvenzverfahrens durch den Richter eine falsche Verfahrensart gewählt werden, wodurch die Durchführung des Verfahrens unter den falschen Voraussetzungen und Regelungen erfolgt.

Durch das „Gesetz zur Verkürzung des Restschuldbefreiungsverfahrens und zur Stärkung der Gläubigerrechte" wurden zwar für Verfahren, die ab dem 01.07.2014 beantragt wurden, wesentliche Regelungen des Verbraucherinsolvenzverfahrens und des vereinfachten Insolvenzverfahrens dem Regelinsolvenzverfahren angeglichen. Dennoch spielt die Abgrenzung der Eröffnungsvoraussetzungen weiterhin eine wesentliche Rolle für die Notwendigkeit der Durchführung eines vorangegangenen außergerichtlichen Schuldenbereinigungsverfahrens.

Auch wurde die im Gesetzesentwurf zunächst vorgesehene Übertragung der funktionellen Eröffnungszuständigkeit in Verfahren nach §§ 304 ff. InsO vom Richter auf den Rechtspfleger nicht verabschiedet. Diesem Vorhaben kommt jedoch aufgrund der ausdrücklichen Einbeziehung in die Evaluation des Gesetzes zur weiteren Erleichterung der Sanierung von Unternehmen (ESUG) und der rege geführten Zuständigkeitsdebatten weiterhin hohe Relevanz zu. Das ESUG hat durch die Verschiebung der funktionellen Zuständigkeit für das Insolvenzplanverfahren vom Rechtspfleger auf den Richter zudem für Änderungen und praktische Unsicherheit an anderer Stelle gesorgt. Die Diskussionen um die funktionelle Zuständigkeit werden daher nicht abreißen.

Sofern ein Insolvenzantrag im Anwendungsbereich der EuInsVO zur Entscheidung kommt oder Vermögen im nichteuropäischen Ausland belegen sein könnte, bedarf es grundsätzlich der Entscheidung über die universelle Wirkung eines Hauptinsolvenzverfahrens oder der national begrenzten Wirkung des Partikularinsolvenzverfahrens. Die das Insolvenzverfahren betreffenden Gesetze einiger Mitgliedsstaaten sehen daher explizit eine Entscheidung hierüber vor, um das Verfahren auch international zu definieren. In Deutschland fehlen in den Eröffnungsbeschlüssen regelmäßig Angaben dazu, ob es sich um ein Hauptinsolvenzverfahren handelt. Sofern das Gericht eines bestimmten Staates seine Zuständigkeit bejaht und das Insolvenzverfahren anhand des eigenen nationalen Insolvenzrechts eröffnet hat, sind andere Staaten an diese Entscheidung gebunden, soweit das gültige Insolvenzrecht nicht per se mit den eigenen Rechtsgrundsätzen unvereinbar ist. Diese Bindung gilt sodann auch für die Gläubiger aus anderen Staaten. Sowohl auf nationaler als auch auf internationaler Ebene ist daher auch die Frage nach der örtlichen Zuständigkeit des angerufenen Insolvenzgerichts wesentlich für die Beteiligten.

Durch die Reform der InsO im Wege des „Gesetz zur Erleichterung der Bewältigung von Konzerninsolvenzen" sowie durch die 2017 in Kraft tretende Reform der EuInsVO kommen zudem Zuständigkeitsregelungen im Bereich von Konzerninsolvenzen hinzu, die eine Feststellung der örtlichen Zuständigkeit an die Strukturen der betroffenen Konzerne koppeln. Die Prüfungspflichten der Gerichte und die Abstimmung untereinander werden hierdurch erheblich ausgeweitet.

III.) Ziele der Betrachtung

Ziel dieser Arbeit ist es, die Systematik der in der Insolvenzordnung vorhandenen Verfahrensarten und Zuständigkeiten anhand der Intention der Gesetzgeber bzw. der internationalen Gemeinschaft darzustellen und die sich objektiv ergebenden Folgen einer Fehleinschätzung über die örtliche und/oder die funktionelle Zuständigkeit sowie über die statthafte Verfahrensart im Rahmen der Eröffnung aufzuzeigen.

Die Arbeit soll auch eine Lücke bei der Betrachtung der Insolvenzverfahren von natürlichen Personen mit ehemals selbstständiger Tätigkeit schließen. Deren rechtliche Stellung im Insolvenzantragsverfahren und die sich ergebenden Abgrenzungsprobleme sollen aufgezeigt und ihre praktischen Folgen bei Zuständigkeitsverschiebungen aufgezeigt werden.

Hierbei soll nicht nur die grundsätzliche Wertung der Insolvenzordnung durch die Aufteilung in verschiedene Verfahrensarten dargestellt werden. Es sollen insbesondere die Voraussetzungen und die Rechtsfolgen der jeweiligen Verfahrensart und hieran anknüpfend die sich aus einer Durchführung der objektiv unstatthaften Verfahrensart ergebenden Probleme aufgezeigt werden. Die sich dem Richter bei der Entscheidung über die Eröffnung eines Insolvenzverfahrens stellenden Fragen und Abgrenzungsprobleme werden sowohl allgemein, als auch an praktischen und theoretischen Einzelfällen erörtert. Hierbei werden sowohl Fälle dargestellt bei denen die Abgrenzung aufgrund der gegebenen und bekannten Tatsachen schwierig ist, Fälle in denen eine Änderung der tatsächlichen Verhältnisse zu einer Änderung der Zuständigkeit oder der statthaften Verfahrensart führen kann, sowie Fälle in denen Verfahrensbeteiligte durch eigene Handlungen bewusst eine andere Zuständigkeit herbeiführen.

Der Fall der Fehleinschätzung der Eröffnungsvoraussetzungen und die Durchführung des Verfahrens unter den Regelungen der nicht (mehr) statthaften Verfahrensart oder entgegen der objektiv gegebenen (internationalen) Zuständigkeit soll auf seine Folgen für die am Verfahren Beteiligten sowie seine Auswirkungen auf weitere Rechtsgebiete untersucht werden.

Im Rahmen der Unterscheidung von deutschem Regel- und Verbraucherinsolvenzverfahren wird die Frage gestellt, inwieweit eine Übertragung der

Zuständigkeit der Verfahrenseröffnung auf den Rechtspfleger Auswirkungen auf gerichtliche Fehleinschätzungen hätte. Der Referentenentwurf der Bundesregierung über das Gesetz zur Verkürzung des Restschuldbefreiungsverfahrens, zur Stärkung der Gläubigerrechte und zur Insolvenzfestigkeit von Lizenzen aus dem Januar 2012 sah eine vollständige Übertragung der Eröffnungszuständigkeit für Verbraucherinsolvenzverfahren sowie vereinfachte Verfahren nach den §§ 304 ff. InsO auf den Rechtspfleger vor. Diese Zuständigkeitsverschiebung rief zahlreiche Reaktionen in der Literatur hervor. Im Regierungsentwurf für ein Gesetz zur Verkürzung des Restschuldbefreiungsverfahrens und zur Stärkung der Gläubigerrechte vom 12.07.2012 sowie dem sodann in Kraft getretenen Gesetz war eine Verschiebung der Zuständigkeit nicht mehr vorgesehen. Es soll bei der Eröffnungszuständigkeit des Richters für sämtliche Verfahrensarten bleiben. Der Denkanstoß der Übertragung der Zuständigkeit für die Verfahren nach den §§ 304 ff. InsO auf den Rechtspfleger soll in der vorliegenden Arbeit jedoch aufgegriffen und seine Auswirkungen im Rahmen der dargestellten Folgen der Fehleinschätzung bei der Verfahrenseröffnung einbezogen werden.

Die Arbeit soll ein Beitrag zur Frage der funktionellen Zuständigkeit zwischen Richter und Rechtspfleger in der InsO sein.

Durch das Gesetz zur Erleichterung der Bewältigung von Konzerninsolvenzen sowie die am 20.05.2015 beschlossene Reform der Verordnung (EG) Nr. 1346/2000 des Rates vom 29.05.2000 über Insolvenzverfahren (EuInsVO) ändern sich für Unternehmensinsolvenzen von Konzernunternehmen die Voraussetzungen über die örtliche Zuständigkeit der Insolvenzgerichte. Dies bedeutet neben den Prüfungs- und Abstimmungspflichten der Gerichte auch die Möglichkeit zu Missbrauch und Fehleinschätzung. Die Voraussetzungen nach den Reformen und die Auswirkungen von Fehlentscheidungen vor und nach Umsetzung der Reformen sollen daher einbezogen werden.

Die Arbeit soll daher letztlich auch die durch die jüngsten Reformen erfolgten Änderungen einbeziehen und ihre Auswirkungen auf die aufgezeigten Themen betrachten.

IV.) Vorgehensweise

Diese Arbeit will sich der Frage der tatsächlichen und rechtlichen Folgen der Fehleinschätzung bei der Zuständigkeit und der Wahl der Verfahrensart zunächst durch die Darstellung der Verfahrenssystematik innerhalb der

Insolvenzordnung und der jeweiligen Voraussetzungen der Verfahrensarten annähern. In einem zweiten Schritt werden verschiedene Fallgruppen von möglichen Fehleinschätzungen skizziert.

Die jeweiligen Eröffnungsvoraussetzungen und ihre Abgrenzung von der alternativen Verfahrensart sollen allgemein und anhand von in der Praxis regelmäßig auftretenden Problemfällen erläutert werden.

In einem weiteren Schritt wird der Ablauf von Konfliktfällen im Rahmen der Verfahrenseröffnung anhand der zur Verfügung stehenden Rechtsmittel durchgespielt. Die prozessuale Möglichkeit der Antragsumstellung sowie das Ausschöpfen der Rechtsmittelinstanzen werden eingehend auf ihre Folgen für die Beteiligten untersucht.

Sodann wird der Fall der rechtskräftigen Eröffnung des Verfahrens in der objektiv falschen Verfahrensart oder entgegen der Zuständigkeit untersucht. Die Folgen werden in unmittelbare Folgen, verfahrensrechtliche Folgen und materiellrechtliche Folgen unterteilt. Im Rahmen der verfahrensrechtlichen Folgen sollen insbesondere die Auswirkungen für den formalen Ablauf des Verfahrens dargestellt werden, während im Rahmen der materiellrechtlichen Folgen die Unterschiede durch die (Nicht-)Anwendbarkeit bestimmter Regelungen betrachtet werden. Hierneben werden die Auswirkungen auf weitere Rechtsbereiche des deutschen sowie des internationalen Rechts aufgezeigt.

Im Rahmen der Abgrenzung von Regel- und Verbraucherinsolvenzverfahren wird überdies der Referentenentwurf der Bundesregierung über das Gesetz zur Verkürzung des Restschuldbefreiungsverfahrens, zur Stärkung der Gläubigerrechte und zur Insolvenzfestigkeit von Lizenzen aus dem Januar 2012 zum Anlass genommen, eine in den Fokus gekommene Verschiebung der Eröffnungszuständigkeit für Verfahren nach den §§ 304 ff. InsO auf den Rechtspfleger zu untersuchen. Hierbei werden die Auswirkungen einer solchen Zuständigkeitsverschiebung bei der Fehleinschätzung der statthaften Verfahrensart vor dem Hintergrund der bereits anhand der geltenden Rechtslage gefundenen Ergebnisse untersucht.

Im Rahmen der Frage der nationalen und internationalen örtlichen Zuständigkeit werden die einschlägigen Reformen der InsO und der EuInsVO zur örtlichen Zuständigkeit bei Konzernunternehmen dargestellt und die sich daraus ergebenden Abgrenzungsprobleme und Fehleinschätzungen untersucht.

B. Verfahrensarten in der Systematik der InsO

Die Insolvenzordnung kennt verschiedene Verfahrensarten. Die jeweiligen Wirtschafts- und Tatsachenverhältnisse des Vermögens über das ein Insolvenzverfahren eröffnet wird, sollen mit speziell für diesen Fall ausgestalteten Regelungen erfasst werden, sodass ein praxisnahes und für die Verfahrensbeteiligten bestmögliches Ergebnis erzielt werden kann. Hierzu hat der Gesetzgeber verschiedene Fallgruppen erkannt und gegebenenfalls Sonderregelungen, sowohl im Insolvenzverfahrensrecht als auch im materiellen Insolvenzrecht entwickelt, die sich zunächst ausschließlich am zu verwertenden Vermögen orientieren.[1]

Zweck der Durchführung sämtlicher Verfahrensarten ist gemäß § 1 Satz 1 InsO die gemeinschaftliche Befriedigung der Gläubiger. Hieraus wird im Insolvenzrecht der Grundsatz der Gläubigergleichbehandlung als Hauptzweck des Verfahrens und Auslegungsmaßstab herangezogen.[2] Das Prinzip der gemeinschaftlichen Befriedigung will den Wettlauf der Gläubiger auf die dem Schuldner noch verbliebenen Vermögenswerte verhindern und ist Grundsatz jeder Gesamtvollstreckungsordnung; es stellte mithin auch bereits den Zweck der Konkursordnung dar, welche am 01.01.1999 durch die Insolvenzordnung abgelöst wurde.[3] Ziel ist hierbei jedoch nicht nur die gleichmäßige Befriedigung, sondern gleichzeitig auch die bestmögliche Befriedigung der Insolvenzgläubiger.[4] Gemeint sind in § 1 Satz 1 InsO vordringlich die vermögensrechtlichen Gläubiger im Sinne des § 38 InsO.[5]

Weiterer in § 1 Satz 2 InsO normierter Zweck ist die Möglichkeit, dem redlichen Schuldner die Gelegenheit zur Erteilung der Restschuldbefreiung zu geben. Dieser Zweck wurde durch Schaffung der Insolvenzordnung neu eingefügt und war in der bis dahin gültigen Konkursordnung nicht vorgesehen.[6] Die Erteilung der Restschuldbefreiung ist gemäß § 286 InsO lediglich für natürliche Personen möglich. Hierbei spielt der wirtschaftliche Hintergrund des Schuldners keine Rolle. Sowohl für (ehemals) selbständig Tätige als auch für Verbraucher kommt

---

1 Gundlach in: Gottwald, Insolvenzrechts-Handbuch, § 5, Rn. 1.
2 Smid, Handbuch Insolvenzrecht, § 1, Rn. 65.
3 Becker, Insolvenzrecht, Rn. 24.
4 Jauernig/Berger, Zwangsvollstreckungs- und Insolvenzrecht, § 38, Rn. 1.
5 Becker, a.a.O., Rn. 129.
6 Haarmeyer/Frind, Insolvenzrecht, Rn. 3.

die Möglichkeit der Restschuldbefreiung in Betracht. Bei Eröffnung des Insolvenzverfahrens über das Vermögen einer juristischen Person bzw. einer Personenhandelsgesellschaft hingegen führt die Eröffnung des Insolvenzverfahrens in der Regel zur Löschung nach den jeweils gültigen gesellschaftsrechtlichen Regelungen.[7]

Neben den vorgenannten, gesetzlich normierten Zwecken des Insolvenzverfahrens wird häufig die Sanierung der in die Krise geratenen Unternehmen als Zweck des Insolvenzverfahrens genannt.[8] Hinzu kommt der stets erwünschte Erhalt von Arbeitsplätzen.[9] Durch den Erlass des „Gesetzes zur weiteren Erleichterung der Sanierung von Unternehmen" (ESUG) und dessen Inkrafttreten zum 01.03.2012 rückte die Sanierung von Unternehmen weiter in den Vordergrund. Die Sanierung von Unternehmen soll jedoch stets zu dem Zweck der gemeinschaftlichen Befriedigung der Gläubiger im Sinne des § 1 Satz 1 InsO erfolgen. Die Sanierung eines wirtschaftlich lebensfähigen Unternehmens im Wege des Insolvenzplans oder der übertragenden Sanierung führt in der Regel zu höheren Erlösen als eine Liquidation und dient daher dem Zweck der gleichmäßigen und bestmöglichen Befriedigung der Gläubiger.[10] Grundsätzlich ist eine Gleichstellung der Verwertungsmöglichkeiten gegeben.[11] Die zu treffende Auswahl richtet sich stets nach der bestmöglichen Befriedigungsmöglichkeit zugunsten der Gläubiger.[12]

Vor diesem Hintergrund der grundsätzlichen Zweckbestimmung des Insolvenzverfahrens gemäß § 1 InsO sind nunmehr die verschiedenen Verfahrensarten zu betrachten, um die Alternativität und die mit der Fehleinschätzung bei der Eröffnung verbundenen Folgen untersuchen zu können.

I.) Das Regelinsolvenzverfahren

Das Regelinsolvenzverfahren stellt die gängige Verfahrensart der Insolvenzordnung dar. Sämtliche Vorschriften der ersten acht Teile der InsO sind auf die Durchführung eines Regelinsolvenzverfahrens ausgerichtet. Erst im Anschluss

---

7 Holzer in: Praxis der Insolvenz, § 7, Rn. 7.
8 Bork, Einführung in das Insolvenzrecht, Rn. 16.
9 Haarmeyer/Frind, Insolvenzrecht, Rn. 11.
10 Kießner in: Braun, InsO, § 1, Rn. 2.
11 Bork, a.a.O., Rn. 4.
12 Haarmeyer/Frind, Insolvenzrecht, Rn. 12.

hieran finden sich die weiteren Verfahrensarten, welche vom Regelinsolvenzverfahren abweichende Regelungen enthalten, im Übrigen jedoch auf dieses verweisen.

Sowohl natürliche als auch juristische Personen sind nach § 11 Abs. 1 InsO grundsätzlich insolvenzfähig. Der Gesetzgeber knüpft in § 12 InsO für juristische Personen sodann an die Frage der privatrechtlichen bzw. öffentlich-rechtlichen Stellung der juristischen Personen an und will öffentlich-rechtliche juristische Personen bzw. Gebietskörperschaften teilweise vom Insolvenzverfahren ausnehmen, soweit nicht die Länder anderweitige Regelungen treffen.[13] Diese Ausnahme dient der Erhaltung der Funktionsfähigkeit des Staates, welcher nicht durch die Eröffnung eines Insolvenzverfahrens über Teile der öffentlichen Hand und den damit einhergehenden Wechsel der Verfügungsbefugnis handlungsunfähig werden soll.[14] Insolvenzfähig sind für den Gesetzgeber daher nach §§ 11, 12 InsO zunächst alle privatrechtlichen Vermögensmassen, unabhängig von der Frage der Person oder Personenmehrheit zu der diese Vermögensmasse gehört.[15] Das Regelinsolvenzverfahren kann daher gemäß § 11 Abs. 1 InsO über das Vermögen einer juristischen sowie einer natürlichen Person eröffnet werden.

In einem zweiten Schritt knüpft der Gesetzgeber sodann nicht mehr ausschließlich an die Vermögensmasse an, sondern fragt nach Ihrer wirtschaftlichen Herkunft. Hierzu wurden in den §§ 304 ff. InsO besondere Verfahrensarten geschaffen, die in ihrer Durchführung an einigen Stellen vom gesetzlichen Regelfall abweichen. Diese werden nachfolgend im Einzelnen dargestellt.

Das Regelinsolvenzverfahren will vornehmlich die Gesamtvollstreckung über das Vermögen solcher Personen ermöglichen, die am Markt tätig sind oder zu einem früheren Zeitpunkt am Markt tätig waren und aufgrund von Überschuldung oder drohender bzw. eingetretener Zahlungsunfähigkeit ihre fälligen Verbindlichkeiten nicht mehr ordnungsgemäß bedienen können.[16] Hierbei wird nicht differenziert, ob der Geschäftsbetrieb des Unternehmens noch aufrechterhalten wird oder bereits vor Stellung eines Antrags auf Eröffnung des Insolvenzverfahrens eingestellt wurde. Auch auf die Frage ob das Unternehmen im Rahmen einer Einzelunternehmung, einer juristischen Person oder Personengesellschaft geführt wurde, kommt es nicht an. Das Regelinsolvenzverfahren kommt daher

13 Ott/Vuia in: Münchener Kommentar zur InsO, Band 1, § 12, Rn. 1.

14 Mitter in: Haarmeyer/Wutzke/Förster, InsO, § 12, Rn. 5.

15 Gundlach in: Gottwald, Insolvenzrechts-Handbuch, § 5, Rn. 1.

16 Becker, a.a.O., Rn. 142.

auch bei ehemals selbstständig tätigen natürlichen Personen zur Anwendung. Letztlich soll das Regelinsolvenzverfahren auch bei persönlich haftenden Gesellschaftern von Personen- und Kapitalgesellschaften angewendet werden, da diesen die wirtschaftliche Tätigkeit der Gesellschaft zuzurechnen ist.[17]

Das Regelinsolvenzverfahren kann mithin als Insolvenzverfahren der Unternehmer bezeichnet werden. Dies erscheint im Vergleich zu dem Begriff des Verbraucherinsolvenzverfahrens umgangssprachlich angemessen und insbesondere dem Laien darstellbar. Zwar ist weder Verbraucherbegriff des § 13 BGB auf das Verbraucherinsolvenzverfahren nach den §§ 304 ff. InsO, noch der Unternehmerbegriff des § 14 BGB auf das Regelinsolvenzverfahren zu übertragen, jedoch kann dieses Begriffspaar als umgangssprachliche Abgrenzung zur Vereinfachung dienen. Der Laie neigt dazu, jedes Insolvenzverfahren über das Vermögen einer natürlichen Person als Verbraucherinsolvenzverfahren zu bezeichnen, sodass ihm anhand des vorgenannten Begriffs der Unternehmerinsolvenz die Unterscheidung bei der Verfahrenswahl verdeutlicht werden kann.

Im Rahmen des Regelinsolvenzverfahrens soll wirtschaftlich nicht (mehr) lebensfähigen Unternehmen ein geordneter Austritt aus dem Markt ermöglicht werden. Diese Möglichkeit des Marktaustritts dient unter anderem der Freisetzung von in den Unternehmen gebundenen Produktionsfaktoren.[18] Überdies ist durch die Abwicklung über einen Insolvenzverwalter eine Ordnung des Schuldnervermögens möglich, die sämtlichen Gläubigergruppen die Befriedigung im Rahmen des noch vorhandenen bzw. durch den Insolvenzverwalter zu generierenden Vermögens garantiert.[19]

Als Gläubigergruppen sind neben den Insolvenzgläubigern im Sinne des § 38 InsO, denen zum Zeitpunkt der Eröffnung des Insolvenzverfahrens eine Geldforderung zusteht, weitere Gläubigerarten zu nennen. Hierbei sind vornehmlich die dinglich Berechtigten und Besicherten im Sinne der §§ 47 und 48 ff. InsO, die Massegläubiger im Sinne des § 55 InsO sowie die Gläubiger mit Forderungen auf die Abgabe von Erklärungen und Bescheinigungen zu unterscheiden. So hat der Leasinggeber ein Interesse an der Herausgabe seines Leasinggegenstandes, während die Rentenversicherung ein Interesse an der Durchführung einer Betriebsprüfung hat, um Insolvenzforderungen der Sozialversicherungsträger überhaupt beziffern zu können. Ähnlich geht es dem Finanzamt mit der Erstellung der Steuererklärungen. Letztlich sind Vermieter und Arbeitnehmer

---

17 Zander in: Nitsch, Handbuch des Insolvenzrechts, S. 9.

18 Haarmeyer/Frind, Insolvenzrecht, Rn. 11; Keller, Insolvenzrecht, Rn. 6.

19 Haarmeyer/Frind, a. a. O, Rn. 13.

des schuldnerischen Unternehmens zu nennen. Beide Gruppen haben ein starkes Interesse an der Abwicklung des mit dem schuldnerischen Unternehmen bestehenden Vertragsverhältnisses. Beide sind nach Einstellung des Geschäftsbetriebes durch den Insolvenzverwalter aufgrund von Kündigungsfristen in der Regel auch Massegläubiger im Sinne des § 55 InsO. Sie haben hierneben jedoch ein starkes Interesse an der Rückgabe der Mietsache bzw. der Erstellung von arbeits- und sozialversicherungsrechtlichen Bescheinigungen.

Die Möglichkeit der Restschuldbefreiung ist im Regelinsolvenzverfahren für natürliche Personen unproblematisch und uneingeschränkt gegeben, sodass auch der Unternehmer nicht zwingend auf seinen Verbindlichkeiten sitzen bleibt. Die durch die Insolvenzordnung im Jahre 1999 eingeführte Möglichkeit der Restschuldbefreiung soll natürlichen Personen einen Neustart ermöglichen[20] und dem Markt diese ehemals überschuldeten und in der Regel diversen Zwangsvollstreckungsmaßnahmen unterworfenen Konsumenten zurückgeben.[21]

Das Regelinsolvenzverfahren enthält aufgrund der Ausrichtung auf Unternehmen und Unternehmer verschiedene Instrumente zur Sicherung des Schuldnervermögens im Eröffnungsverfahren (vgl. §§ 21, 22, 22a InsO) sowie zur Fortführung und Verwertung laufender Geschäftsbetriebe (vgl. §§ 217 ff, §§ 270 ff. InsO). Wird Antrag auf Eröffnung eines Regelinsolvenzverfahrens gestellt, kommt es zunächst zum Eröffnungsverfahren, in welchem das Amtsgericht als Insolvenzgericht im Wege der Amtsermittlung das Vorliegen von Insolvenzgründen im Sinne der §§ 16 ff. InsO zu ermitteln hat.[22] Hierfür wird in der Regel ein Sachverständiger bestellt, der als Gutachter das Vorliegen von Eröffnungsgründen sowie die Frage nach einer die Verfahrenskosten deckenden Masse prüft und dem Gericht hierüber ein schriftliches Gutachten vorlegt.[23] Die Prüfung des Vorliegens einer die Verfahrenskosten deckenden Masse ist zwingend notwendig, da sich der Amtsermittlungsgrundsatz auch auf die Entscheidung über die Bewilligung der Verfahrenskostenstundung erstreckt.[24] Grundsätzlich sollen die Verfahrenskosten vom Schuldner erbracht werden, die Stundung soll lediglich erfolgen soweit diese eigene Kostentragung nicht möglich ist.[25]

---

20 Foerste, Insolvenzrecht, Rn. 527; Keller, Insolvenzrecht, Rn. 5.
21 Ahrens in: Kothe/Ahrens/Grote/Busch, § 286, Rn. 3.
22 Smid/Leonhardt in: Leonhardt/Smid/Zeuner, InsO, § 5, Rn. 6.
23 Baumert in: Braun, InsO, § 5, Rn. 21.
24 Beth, NZI 2014, 487, 490.
25 Mock in: Uhlenbruck, InsO, § 4a, Rn. 2.

Sofern weitere Anordnungen zur Sicherung der Masse angebracht sind, weil ein laufender Geschäftsbetrieb gegeben ist oder die Minderung bzw. Verschiebung von Vermögenswerten zu befürchten sind, wird das Insolvenzgericht gemäß § 21 Abs. 2 Nr. 1, Nr. 2 Alt. 1 InsO einen so genannten „starken" vorläufigen Insolvenzverwalter oder gemäß § 21 Abs. 2 Nr. 1, Nr. 2 Alt. 2 InsO einen so genannten „schwachen" vorläufigen Insolvenzverwalter einsetzen.[26]

Wenn der Schuldner die Kennzahlen des § 22 a Abs. 1 InsO erreicht, hat das Insolvenzgericht zudem einen vorläufigen Gläubigerausschuss im Sinne des § 21 Abs. 1 a InsO einzusetzen. Hierdurch sollen die Rechte und der Einfluss der Gläubiger im Eröffnungsverfahren gestärkt werden.[27]

Nach Eröffnung eines Regelinsolvenzverfahrens wird ein Insolvenzverwalter – in der Regel der Sachverständige und/oder vorläufige Insolvenzverwalter[28] – bestellt, welcher gemäß § 80 InsO das Verwaltungs- und Verfügungsrecht über das Vermögen des Schuldners erhält. Der Insolvenzverwalter hat sodann gemäß § 159 InsO die Verwertung des Vermögens vorzunehmen, sofern die Gläubigerversammlung nicht etwas anderes bestimmt. Er wird mithin ggf. die übergangsweise Fortführung des Geschäftsbetriebs und dann seine Verwertung im Ganzen oder in Teilen betreiben.[29] Sofern diese Möglichkeit aufgrund des Geschäftsbetriebes nicht besteht, hat die Liquidation durch Einzelverwertung zu erfolgen.[30] Hierneben hat der Insolvenzverwalter Forderungen und Schadensersatzansprüche des Schuldners durchzusetzen.[31] Soweit die Möglichkeit bzw. die Initiative zum Abschluss eines Insolvenzplans besteht, kommt auch diese Möglichkeit für den Insolvenzverwalter in Betracht.[32]

Überdies ist der Insolvenzverwalter zur Anfechtung von Rechtshandlungen sowie Unterlassungen nach den §§ 129 ff. InsO berechtigt, um vorinsolvenzliche Vermögensverschiebungen zugunsten der Gleichbehandlung der Gläubiger korrigieren zu können.[33] Das Anfechtungsrecht hilft damit bei der Erfüllung der zentralen Aufgabe des Insolvenzrechts, der Gleichbehandlung der Gläubiger im Sinne der Regelung des § 1 Satz 1 InsO.[34] Das Anfechtungsrecht steht

26 Böhm in: Braun, InsO, § 21, Rn. 13.
27 Willemsen/Rechel, Kommentar zum ESUG, § 22a, Rn. 1.
28 Reischl, Insolvenzrecht, Rn. 142.
29 Smid, Handbuch Insolvenzrecht, § 33, Rn. 3.
30 Smid, a. a. O.
31 Breuer, Insolvenzrecht, Rn. 430.
32 Häsemeyer, Insolvenzrecht, Rn. 7.60.
33 Zeuner in: Leonhardt/Smid/Zeuner, InsO, § 129, Rn. 1.
34 Smid, Handbuch Insolvenzrecht, § 1, Rn. 39.

im Regelinsolvenzverfahren ausschließlich dem Insolvenzverwalter zu.[35] Bei Anordnung einer Eigenverwaltung nach § 270 InsO ist nach § 280 InsO ausschließlich der Sachwalter zur Anfechtung berechtigt.

Das Anfechtungsrecht wurde im Zuge der Einführung der Insolvenzordnung im Vergleich zum Anfechtungsrecht der Konkursordnung verschärft, um mehr Masse generieren zu können.[36] Nachdem der weit überwiegende Teil der Konkursverfahren mangels einer die Kosten deckenden Masse nicht eröffnet werden konnte, sollten im Zuge der Einführung der Insolvenzordnung die Kosten eingedämmt und die Möglichkeiten der Massegenerierung erhöht werden.[37]

Nach Abschluss des Regelinsolvenzverfahrens über das Vermögen einer natürlichen Person folgt auf Antrag des Schuldners das sich anschließende Restschuldbefreiungsverfahren, §§ 286 ff. InsO. Der Antrag ist gemäß § 287 Abs. 1 InsO bereits mit dem Antrag auf Eröffnung des Insolvenzverfahrens zu stellen. Das Insolvenzverfahren sowie das hierneben laufende Zulassungsverfahren zum Restschuldbefreiungsverfahren werden beendet und sodann eine geeignete Person zum Insolvenzverwalter im Restschuldbefreiungsverfahren bestellt.[38] Nach längstens 6 Jahren ab Eröffnung des Insolvenzverfahrens kann der redliche Schuldner die Restschuldbefreiung erlangen, soweit nicht ein nach den Versagungsgründen gemäß §§ 295, 296 InsO begründeter Versagungsantrag gestellt wird. Diesen kann der Insolvenzverwalter oder ein Insolvenzgläubiger stellen, § 300 Abs. 1 InsO. Hierüber hat nach § 300 Abs. 2 InsO das Insolvenzgericht zu entscheiden, das den Schuldner und den Insolvenzverwalter in der Regel zu Stellungnahmen auffordert.

II.) Das Verbraucherinsolvenzverfahren bzw. das vereinfachte Verfahren

Im Anschluss an die Regelungen über das Regelinsolvenzverfahren und das Restschuldbefreiungsverfahren finden sich die §§ 304 ff. InsO, die das Verbraucherinsolvenzverfahren sowie das vereinfachte Insolvenzverfahren normieren.

Für den Fall das der Schuldner eine natürliche Person ist, die keine selbstständige Tätigkeit ausübt oder ausgeübt hat, gelten abweichend von den allgemeinen Vorschriften über das Regelinsolvenzverfahren die Vorschriften des neunten Teils

---

35 Smid, a. a. O, § 17, Rn. 10.

36 Bork in: dtv Textausgabe InsO, 15. Auflage, München 2012, Einführung, S. XIV.

37 Smid, a. a. O, § 1, Rn. 38.

38 Ahrens in:: Kothe/Ahrens/Grote/Busch, § 289, Rn. 1.

der InsO, § 304 Abs. 1 Satz 1 InsO. Dies ist nach § 304 Abs. 1 Satz 2 InsO auch für ehemals selbstständige Personen anwendbar, sofern ihre Vermögensverhältnisse überschaubar sind und keine Forderungen aus Arbeitsverhältnissen gegen den Schuldner bestehen. In § 304 Abs. 2 InsO wird die Grenze der Überschaubarkeit auf weniger als 20 Gläubiger festgelegt.

Die als Verbraucherinsolvenzverfahren bzw. sonstige Kleinverfahren qualifizierten Insolvenzverfahren werden bei den Insolvenzgerichten mit dem Kürzel „IK" in der Geschäftsnummer geführt, während die Regelinsolvenzverfahren mit dem Kürzel „IN" in der gerichtlichen Geschäftsnummer geführt werden.[39] In der Praxis werden die Verfahren daher auch als „IN-Verfahren" bzw. „IK-Verfahren" benannt und qualifiziert.

Der neunte Teil der InsO setzt für die Durchführung eines Verbraucherinsolvenzverfahrens bzw. eines sonstigen Kleinverfahrens nach § 304 InsO in § 305 Abs. 1 Nr. 1 InsO zunächst den erfolglos durchgeführten Versuch eines außergerichtlichen Schuldenbereinigungsverfahrens innerhalb der letzten sechs Monate vor Antragstellung voraus. Dieser gilt nach § 305 a InsO bereits als gescheitert, wenn ein Gläubiger nach Aufnahme der Vergleichsverhandlungen die Zwangsvollstreckung betreibt.

Sodann kann ein mit dem Eröffnungsantrag des Schuldners vorzulegender Schuldenbereinigungsplan für den Zeitraum von höchstens drei Monaten durchgeführt werden. Nach § 306 Abs. 1 Satz 3 InsO kann das Gericht von der Durchführung des Schuldenbereinigungsplanes nach den §§ 306 – 310 InsO absehen, wenn nach seiner Überzeugung feststeht, dass der Plan nicht angenommen wird. In diesem Fall wird das Verfahren über den Eröffnungsantrag nach § 311 InsO wieder aufgenommen. Selbiges gilt, sofern Einwendungen gegen den Schuldenbereinigungsplan erhoben werden, die nicht nach § 309 InsO durch gerichtliche Zustimmung ersetzt werden.

Im Rahmen des Ruhens des Eröffnungsverfahrens nach § 306 Abs. 1 Satz 1 InsO können gemäß § 306 Abs. 2 Satz 1 InsO dennoch vorläufige Maßnahmen nach § 21 InsO angeordnet werden, um die Insolvenzmasse vor dem Zugriff einzelner Gläubiger zu schützen. Hierbei bietet sich die einstweilige Einstellung von Einzelzwangsvollstreckungsmaßnahmen nach § 21 Abs. 2 Nr. 3 InsO an. Es kommt jedoch auch die Bestellung eines vorläufigen Insolvenzverwalters mit den durch das Gericht festzulegenden Befugnissen gemäß §§ 21, 22 InsO in Betracht.[40]

39 Becker, Insolvenzrecht, Rn. 142.

40 Thiemann in: Leonhardt/Smid/Zeuner, InsO, § 21, Rn. 8.

Bei der Bestellung eines vorläufigen Insolvenzverwalters hat das Gericht zu beachten, dass die Kosten der vorläufigen Verwaltung in dem betreffenden Verfahren aus der Masse gedeckt sind, da diese nicht im Wege des Auslagenersatzes aus der Staatskasse gezahlt werden können.[41] Anders verhält es sich mit den Kosten eines Sachverständigen im Eröffnungsverfahren, da dieser nach den Regelungen des JVEG abrechnet.[42] Dies gilt auch für das Regelinsolvenzverfahren.

In der Praxis wird bei Verfahren nach § 304 Abs. 1 InsO auf die Bestellung eines Sachverständigen verzichtet, um die Kosten im Rahmen des Massengeschäfts der Verbraucherinsolvenzverfahren gering zu halten und das Verfahren zu beschleunigen, was dem Zweck des § 311 InsO entspricht.[43] Durch die Beauftragung von Sachverständigen werden die Kosten des Eröffnungsverfahrens derart erhöht, dass eine Eröffnung des Verbraucher- bzw. vereinfachten Insolvenzverfahrens häufig mangels Masse scheitern würde. Die nach § 305 InsO einzureichenden, umfangreichen Antragsunterlagen ermöglichen dem Insolvenzgericht zudem eine eigene Prüfung, sodass auf die Bestellung von Sachverständigen bei Eigenantrag des Schuldners in der Regel verzichtet werden kann.[44] Die regelmäßig beantragte Stundung der Verfahrenskosten sollte daher durch das Insolvenzgericht gewährt werden und kommt sodann ggf. nicht zum Tragen, soweit der Treuhänder eine ausreichende Masse generieren kann, um die Verfahrenskosten zu decken. Im Falle der Beantragung der Eröffnung des Verbraucherinsolvenzverfahrens durch einen Gläubiger – was in Verfahren nach den §§ 304 ff. InsO laut § 306 Abs. 3 InsO unproblematisch möglich ist – kommt eine genauere Prüfung im Eröffnungsverfahren eher in Betracht.[45] Diese sollte zur Kostenvermeidung jedoch ebenfalls durch das Insolvenzgericht durchgeführt werden.

Nach Eröffnung des vereinfachten Insolvenzverfahrens ergaben sich vor Inkrafttreten der Änderungen des Gesetzes zur Verkürzung des Restschuldbefreiungsverfahrens und zur Stärkung der Gläubigerrechte zum 01.07.2014 nach den §§ 311 ff. InsO weitere Unterschiede zum eröffneten Regelinsolvenzverfahren:

- Öffentliche Bekanntmachungen erfolgten gem. § 312 Abs. 1 S. 1 InsO lediglich auszugsweise; weitere Veröffentlichungen gem. § 9 Abs. 2 InsO wurden nicht veranlasst.

41 Thiemann a. a. O.

42 Böhm in: Braun, InsO, § 21, Rn. 20.

43 Kothe in: Kothe/Ahrens/Grote/Busch, § 311, Rn. 6-9.

44 Vallender, ZIP 1999, 125, 130.

45 Kothe/Busch, a. a. O, § 312, Rn. 20f.

- Es wurde in Abweichung von § 29 InsO nur ein Prüfungstermin bestimmt, ein Berichtstermin erfolgte gemäß § 312 Abs. 1 S. 2 InsO nicht.
- Aufgrund der – in der Regel – überschaubaren Vermögensverhältnisse der Schuldner konnte gem. § 5 Abs. 2 S. 1 InsO das Verfahren regelmäßig schriftlich durchgeführt werden.
- Nach § 312 Abs. 1 S. 3 InsO betrug die in § 88 InsO genannte Frist der sog. Rückschlagsperre drei Monate, anstelle von einem Monat. Dies sollte Störungen des außergerichtlichen Einigungsversuches entgegenwirken.
- Die Vorschriften über die Durchführung eines Insolvenzplans (§§ 217 bis 269 InsO) sowie über die Eigenverwaltung (§§ 270 bis 285 InsO) waren gem. § 312 Abs. 2 InsO nicht anzuwenden.
- Anstelle eines Insolvenzverwalters wurde ein Treuhänder im Sinne des § 292 InsO zur Wahrnehmung der Aufgaben des Insolvenzverwalters bestellt, § 313 Abs. 1 S. 1 InsO.
- Das Anfechtungsrecht nach den §§ 129 bis 147 InsO stand gemäß § 313 Abs. 2 InsO nicht dem Treuhänder, sondern jedem Insolvenzgläubiger zu. Sofern der Gläubiger im Wege der Anfechtung etwas erlangte, waren ihm seine Kosten vorweg zu erstatten. Der Restbetrag war an die Insolvenzmasse zu zahlen. Gemäß § 313 Abs. 2 S. 3 InsO konnte die Gläubigerversammlung den Treuhänder oder einen bestimmten Gläubiger mit der Anfechtung beauftragen.
- Der Treuhänder war überdies nicht zur Verwertung von Gegenständen berechtigt, an denen Pfandrechte oder andere Absonderungsrechte bestanden. Dieses Verwertungsrecht stand gem. § 313 Abs. 3 InsO dem jeweiligen Gläubiger zu.
- Gemäß § 314 Abs. 1 InsO konnte auf Antrag des Treuhänders durch Anordnung des Insolvenzgerichts von einer Verwertung der Insolvenzmasse ganz oder teilweise abgesehen werden. Das Gericht konnte in diesem Fall festsetzen, dass der Schuldner einen Betrag an den Treuhänder zu zahlen hatte, der dem Wert der Masse entspricht.

Mit Inkrafttreten des Gesetzes zur Verkürzung des Restschuldbefreiungsverfahrens und zur Stärkung der Gläubigerrechte[46] zum 01.07.2014 wurden die Regelungen der §§ 311– 314 InsO ersatzlos gestrichen und finden gemäß Art. 103 h S. 1 EGInsO auf Verfahren keine Anwendung mehr, die ab dem 01.07.2014 beantragt worden sind.

Auf Verfahren, deren Antrag vor dem 01.07.2014 erfolgte, finden die §§ 311– 314 weiterhin Anwendung. Nach Art. 103 h S. 2 EGInsO sind jedoch auch auf diese

46 BGBl. I Nr. 38 v. 18.07.2013, S. 2379 ff.

„Altverfahren" die Regelungen zum Insolvenzplan nach den §§ 217– 269 InsO anwendbar. § 312 Abs. 2 InsO findet mithin insoweit keine Anwendung mehr.

III.) Das Nachlassinsolvenzverfahren

Die Regelung des § 11 Abs. 2 Nr. 2 InsO lässt die Eröffnung eines Insolvenzverfahrens über einen Nachlass zu. Diese Insolvenzverfahren folgen den Regelungen der §§ 315 bis 331 InsO.

Die Eröffnung des Insolvenzverfahrens über den Nachlass ist gem. § 316 Abs. 1 InsO auch zulässig, sofern eine Annahme oder Ausschlagung der Erbschaft noch möglich ist.[47] Antragsberechtigt sind gemäß § 317 InsO der Erbe, der Nachlassverwalter bzw. ein Nachlasspfleger, ein Testamentsvollstrecker sowie jeder Nachlassgläubiger. Nach § 320 InsO sind (drohende) Zahlungsunfähigkeit sowie Überschuldung einschlägige Eröffnungsgründe.

Im Nachlassinsolvenzverfahren besteht die erfasste Masse aus den Nachlassgegenständen und -forderungen, etwaigen Forderungen gegen Erben oder Nachlassverwalter sowie den aus dem Nachlass erwirtschafteten Erträgen.[48] Der Erbe nimmt die Stellung des Insolvenzschuldners ein.[49] Soweit ein Erbe nicht vorhanden ist, nimmt der Nachlasspfleger im Sinne der §§ 1960 ff. BGB diese Stellung ein.[50]

Im Insolvenzverfahren über einen Nachlass können nach § 325 InsO nur die Nachlassverbindlichkeiten im Sinne des § 1967 BGB geltend gemacht werden. Diese stellen die sog. Erblasserschulden dar. Nach § 326 InsO kann überdies der Erbe seine Ansprüche geltend machen. Neben die üblichen Masseverbindlichkeiten treten gem. § 324 Abs. 1 InsO die Kosten der Beerdigung des Erblassers sowie die Aufwendungen die dem Erben nach §§ 1978, 1979 BGB zu ersetzen sind. Überdies fallen als Masseverbindlichkeiten die Kosten einer Nachlasspflegschaft bzw. einer weiteren gerichtlichen Sicherung des Nachlasses an.

Die Anfechtung im Nachlassinsolvenzverfahren bezieht sich bis zum Tode des Erblassers auf dessen Handlung und sodann gemäß § 322 InsO auf die Rechtshandlungen des Erben.[51]

47 Reischl, Insolvenzrecht, Rn. 908.
48 Böhm in: HambKomm-InsO, Vorbem. zu §§ 315 ff. InsO, Rn. 4.
49 Depré/Lambert in: Praxis der Insolvenz, § 46, Rn. 11.
50 Smid, Handbuch Insolvenzrecht, § 45, Rn. 13.
51 Smid, a. a. O, Rn. 21.

IV.) Insolvenzverfahren mit internationalem Bezug

Da sich ein Insolvenzverfahren nicht nur an der Person des Schuldners orientiert, sondern vielmehr an dem betroffenen Vermögen und dessen wirtschaftlicher Herkunft, kann für jede der genannten Verfahrensarten im deutschen Insolvenzrecht ein internationaler Bezug bestehen. Dieser internationale Bezug kann sich ergeben aus dem Vorhandensein international gelegener Niederlassungen bei wirtschaftlich tätigen Schuldnern, aus dem Belegenheitsort schuldnerischen Vermögens (auch) im Ausland oder aus der Beteiligung eines Gläubigers der seinen Sitz im Ausland hat.[52] In jedem Verfahren in dem dies der Fall ist, stellt sich die Frage, wie sich die national grundsätzlich universelle Wirkung des Insolvenzrechts auf die Souveränität anderer Staaten auswirkt.[53] Hierzu haben die Staaten insolvenzrechtliche Regelungen zu den Wirkungen ausländischer Insolvenzeröffnungen auf inländische Vermögenswerte zu schaffen.[54] Diese nationalen Regelungen stellen das jeweils gültige internationale Insolvenzrecht dar, indem sie die Wirkungen ausländischer Verfahren im eigenen Staat normieren.

In der deutschen Insolvenzordnung finden sich die Regelungen zur internationalen Verfahrensweise in den §§ 335 ff. InsO. Hinzu kommt für den europäischen Raum die Verordnung (EG) Nr. 1346/2000 des Rates vom 29.05.2000 über Insolvenzverfahren (EuInsVO). Die EuInsVO entfaltet gemäß Art. 249 Unterabsatz 2 Satz 2 EGV unmittelbare Rechtswirkung in den Mitgliedsstaaten. Sie ist gemäß ihrem Art. 47 am 31.05.2002 in Kraft getreten und gemäß Art. 43 Satz 1 für Insolvenzverfahren anwendbar, die nach dem Inkrafttreten der Verordnung eröffnet worden sind. Die Regelungen in den §§ 335 ff. InsO, die ebenso wie die Ausführungsregelungen des Art. 102 EGInsO zur EuInsVO, am 20.03.2003 in Kraft getreten sind, weisen inhaltlich weitgehende Parallelen zur EuInsVO auf.[55] Nach dem Willen des deutschen Gesetzgebers soll die EuInsVO zur Auslegung der Regelungen der §§ 335 ff. InsO dienen.[56]

Sowohl nach den Regelungen der §§ 335, 343 InsO als auch nach Art. 4 EuInsVO ist grundsätzlich das Recht des Staates anwendbar, in dem das Verfahren eröffnet wurde. Überdies ist in beiden Kodifikationen eine Unterteilung möglich, in Hauptinsolvenzverfahren und Partikularinsolvenzverfahren. Die Regelungen

52 Becker, a. a. O, Rn. 96.

53 Reischl, Insolvenzrecht, Rn. 915f.

54 Stephan in: Kreft, InsO, Vor §§ 335 ff, Rn. 3.

55 Becker, a. a. O, Rn. 118.

56 BT-Drucks. 15/16, S. 18.

der EuInsVO sind gegenüber den §§ 335 InsO vorrangig, sodass sie stets Anwendung finden, soweit ein Gericht innerhalb des Geltungsbereich der EuInsVO entscheidet und nicht ein nach Art. 1 Abs. 2 EuInsVO ausgenommener Schuldner betroffen ist.[57]

Nach Art. 26 EuInsVO kann ein Mitgliedsstaat der EU sich weigern, das durch einen anderen Mitgliedsstaat eröffnete Insolvenzverfahren oder eine in diesem Verfahren getroffene Entscheidung anzuerkennen, wenn hierdurch die öffentliche Ordnung, insbesondere Grundprinzipien oder verfassungsmäßige Rechte und Freiheiten verletzt würden. In § 343 Abs. 1 Satz 2 Nr. 2 InsO findet sich eine entsprechende „ordre public-Regelung" für das internationale Insolvenzrecht außerhalb der EU.

1.) Hauptinsolvenzverfahren

Als Hauptinsolvenzverfahren wird ein nach §§ 335, 343 Abs. 1 Satz 1 InsO bzw. Art. 3 und Art. 4 EuInsVO grenzüberschreitend anerkanntes Insolvenzverfahren bezeichnet, das in einem Staat nach dessen Recht eröffnet wurde und nach der EuInsVO bzw. dem jeweiligen internationalen Insolvenzrecht weiterer Staaten auch in diesen (Mitglieds-)Staaten universelle Wirkung entfalten soll.[58]

Die Wirkung auf das in anderen Mitgliedsstaaten der EU belegene Vermögen ergibt sich aus Art. 3 Abs. 1 Satz 1 i. V. m. Art. 16 Abs. 1 EuInsVO. Die Wirkung auf das Vermögen in Staaten außerhalb der europäischen Union ergibt sich aus internationalen Verträgen oder dem jeweiligen nationalen Insolvenzrecht, in Deutschland aus §§ 335, 343 Abs. 1 Satz 1 InsO. Das Hauptinsolvenzverfahren wird nach dem Recht des Staates der Verfahrenseröffnung durchgeführt. Die hiernach anwendbaren Regelungen entfalten, soweit nicht in der EuInsVO bzw. den §§ 336 ff. InsO etwas anderes geregelt ist, Geltung in Deutschland bzw. den anderen Staaten der Union.

Zuständig für die Eröffnung eines Hauptinsolvenzverfahrens nach der EuInsVO sind gemäß Art. 3 Abs. 1 Satz 1 EuInsVO die Gerichte des Mitgliedsstaates in dem der Schuldner den Mittelpunkt seiner hauptsächlichen Interessen hat. Bei natürlichen Personen stellt sich die Frage des Mittelpunktes der hauptsächlichen Interessen zwischen Wohnort und Arbeitsort, soweit diese auseinander

57 Schluck-Amend in: NWB Kommentar zum Insolvenzrecht, § 343, Rn. 7.

58 Smid, Internationales Insolvenzrecht, § 4, Rn. 9; Gottwald/Kolmann in: Gottwald, Insolvenzrechts-Handbuch, § 131, Rn. 23.

fallen.[59] Nach der Eurofood-Entscheidung des EuGH soll der Mittelpunkt der hauptsächlichen Interessen aus Gründen der Vorhersehbarkeit und Rechtssicherheit derjenige sein, der für Dritte objektiv feststellbar ist.[60]

Die Eurofood-Entscheidung des EuGH behandelt die Bestimmung des Mittelpunktes der hauptsächlichen Interessen (Centre Of Main Interest, COMI). Die Eurofood IFSC Ltd. war eine 1997 in Irland gegründete Tochtergesellschaft der italienischen Parmalat S.p.A mit Sitz in Dublin. Geschäftszweck war die Beschaffung von Finanzmitteln für die Konzerngesellschaften des Parmalat-Konzerns. Im Mai 2000 erfolgte zunächst ein Fremdantrag auf Eröffnung eines Zwangsliquidationsverfahrens in Irland. Der High Court of Dublin bestellte am gleichen Tage einen vorläufigen Insolvenzverwalter. Rund zwei Wochen später bestellte das italienische Ministerium einen vorläufigen Verwalter. Gegen beide Entscheidungen wurden Rechtsmittel eingelegt, da die internationale Zuständigkeit von verschiedenen Beteiligten gerügt wurde. Im Rahmen des Rechtsmittelzuges erhielt der EuGH das Verfahren vorgelegt. Der EuGH urteilte, dass der Mittelpunkt der hauptsächlichen Interessen einer Tochtergesellschaft in der Regel im Mitgliedsstaat ihres satzungsmäßigen Sitzes sei. Diese Vermutung des Artikel 3 Abs. 1 Satz 2 EuInsVO könne nur durch für Außenstehende feststellbare Kriterien widerlegt werden. Diese Widerlegung sei insbesondere bei Briefkastenfirmen möglich, sofern keinerlei eigene Tätigkeit am satzungsgemäßen Sitz ausgeübt werde.

Gerichte in deren Mitgliedsstaat der Schuldner nicht den Mittelpunkt seiner hauptsächlichen Interessen hat, sind nach Art. 3 Abs. 2 EuInsVO lediglich zur Eröffnung eines Partikularinsolvenzverfahrens berechtigt.

Zuständig für die Eröffnung eines Hauptinsolvenzverfahrens außerhalb der europäischen Union ist im Umkehrschluss zu § 343 Abs. 1 Satz 2 InsO das Gericht, welches nach deutschem Insolvenzrecht in dem betreffenden Staat zuständig wäre.[61] Dies richtet sich nach der Frage des Mittelpunkts der selbstständigen wirtschaftlichen Tätigkeit bzw. des allgemeinen Gerichtsstands des Schuldners, § 3 Abs. 1 InsO.[62]

Soweit hiernach ein Gericht aus einem anderen Staat für die Eröffnung des Hauptinsolvenzverfahrens zuständig ist, sind deutsche Gerichte nach § 354 InsO lediglich für die Eröffnung eines Partikularinsolvenzverfahrens zuständig.

---

59 Smid in: Leonhardt/Smid/Zeuner, Internationales Insolvenzrecht, EuInsVO, Art. 3, Rn. 13 - 15.

60 EuGH, Urteil vom 02.05.2006, C-341/04 (Eurofood IFSC limited), Rn. 33.

61 Undritz in: Hamb-Komm-InsO, § 343, Rn. 1; BGHZ 122, 373; Brinkmann in: Schmidt, InsO, § 343, Rn. 10.

62 Undritz, a. a. O; Hess in: Kölner Kommentar zur Insolvenzordnung, Band 1, § 3, Rn. 4.

2.) Partikularinsolvenzverfahren und Sekundärinsolvenzverfahren

Das Partikularinsolvenzverfahren erfasst lediglich den Vermögensteil der in einem bestimmten Staat belegen ist und entfaltet über das weitere, über diesen Staat hinausgehende Vermögen keine universellen Wirkungen, Art. 3 Abs. 2 Satz 2 EuInsVO bzw. § 354 Abs. 1 InsO.

Zuständig für die Eröffnung eines Partikularinsolvenzverfahrens ist das Gericht eines (Mitglieds-)Staates in welchem der Schuldner zwar nicht den Mittelpunkt seiner hauptsächlichen Interessen, jedoch eine Niederlassung hat, Art. 3 Abs. 2 InsO bzw. § 354 Abs. 2, 3 InsO. Die Regelung des Art 3 Abs. 4 EuInsVO normiert zudem weitere Eröffnungsvoraussetzungen für ein Partikularinsolvenzverfahren. Nach der EuInsVO soll ein Partikularinsolvenzverfahren ohne ein ebenfalls anhängiges Hauptinsolvenzverfahren nur in Ausnahmefällen eröffnet werden; erwünscht ist ein Partikularinsolvenzverfahren in der EuInsVO nur als Sekundärinsolvenzverfahren.[63]

Ein Sekundärinsolvenzverfahren im Sinne des Art 3 Abs. 3 EuInsVO kann nach Art. 34 Satz 1 EuInsVO von einem Gericht eröffnet werden, wenn in einem anderen Mitgliedsstaat bereits ein Hauptinsolvenzverfahren eröffnet wurde. Für dieses Sekundärinsolvenzverfahren gilt nach Art. 35 EuInsVO das Recht des Mitgliedsstaates in dem es durchgeführt wird. Die Wirkungen beschränken sich nach Art. 34 Satz 3 auf das in dem Gebiet des Sekundärinsolvenzverfahrens belegene Vermögen. Es handelt sich mithin um ein Partikularinsolvenzverfahren.[64] Gläubiger können ihre Rechte nach Art. 45 Abs. 1 EuInsVO sowohl im Hauptinsolvenzverfahren als auch im Sekundärinsolvenzverfahren eines anderen Mitgliedsstaates geltend machen.

Eine Entsprechung des Sekundärinsolvenzverfahrens als Unterart des Partikularinsolvenzverfahrens findet sich für Staaten außerhalb der EU in §§ 356 ff. InsO. Ein im Wege des Sekundärinsolvenzverfahrens erlangter Überschuss ist nach Art. 49 EuInsVO bzw. § 358 InsO an den Insolvenzverwalter des Hauptinsolvenzverfahrens herauszugeben.

Da im Partikularinsolvenzverfahren lediglich das inländische Vermögen einer Gesamtvollstreckung zugeführt wird und keine universelle Wirkung erfolgen soll, ist nach § 355 Abs. 1 InsO die Restschuldbefreiung nach diesem Verfahren

63 Smid in: Leonhardt/Smid/Zeuner, Internationales Insolvenzrecht, EuInsVO, Art. 3, Rn. 40.

64 Becker, a. a. O, Rn. 128.

nicht möglich.[65] In diesem Punkt weicht das deutsche internationale Insolvenzrecht von den Regelungen der EuInsVO ab.[66] Nach Art. 47 Abs. 2 EuInsVO kann eine umfassende Restschuldbefreiung im Partikularinsolvenzverfahren erfolgen, soweit sämtliche beteiligten Gläubiger zustimmen.

Nach § 355 Abs. 2 InsO kann auch ein Insolvenzplan international nach den §§ 217 ff. InsO lediglich Wirkung entfalten, wenn alle betroffenen Gläubiger zustimmen. Eine ähnliche Regelung trifft Art. 47 Abs. 2 EuInsVO für das Partikularinsolvenzverfahren in Form des Sekundärinsolvenzverfahrens.

65 Albrecht/Karahan in: Haarmeyer/Wutzke/Förster, InsO, § 355, Rn. 9 ff.

66 Albrecht/Karahan, a. a. O, Rn. 7 ff.

C. Eröffnungsvoraussetzungen und Zuständigkeiten

Nachfolgend werden die Voraussetzungen zur Eröffnung des Insolvenzverfahrens und die gerichtlichen Zuständigkeiten nach den nationalen Verfahrensarten dargestellt. Diese sind im Falle eines internationalen Bezugs auch Grundlage für die Eröffnung als Haupt- oder, bei Vorliegen der oben dargestellten Voraussetzungen, als Partikularinsolvenzverfahren.

I.) Voraussetzungen Regelinsolvenzverfahren

1.) Zuständigkeit

Zuständig für die Eröffnung des Regelinsolvenzverfahrens ist gem. § 2 Abs. 1 InsO grundsätzlich das Amtsgericht in dessen Bezirk ein Landgericht seinen Sitz hat, als Insolvenzgericht. Gemäß § 2 Abs. 2 InsO können die Landesregierungen durch Rechtsverordnung andere oder zusätzliche Amtsgerichte zu Insolvenzgerichten bestimmen. Die sachliche Zuständigkeit für die Durchführung des Insolvenzverfahrens verbleibt jedoch stets beim Amtsgericht.[67]

Funktionell zuständig für die Eröffnung des Insolvenzverfahrens ist gem. § 18 Abs. 1 Nr. 1 RPflG der Richter. Gem. § 5 Abs. 1 InsO gilt der Amtsermittlungsgrundsatz.

Örtlich zuständig für die Eröffnung des Regelinsolvenzverfahrens auf nationaler Ebene ist gem. § 3 Abs. 1 S. 1 InsO das Insolvenzgericht, in dessen Bezirk der Schuldner seinen allgemeinen Gerichtsstand hat. Dieser wird bei natürlichen Personen grundsätzlich gemäß § 13 ZPO durch den Wohnsitz bestimmt. Nach § 17 Abs. 1 ZPO ist der allgemeine Gerichtsstand juristischer Personen grundsätzlich der Ort, an dem die Verwaltung geführt wird.

Laut § 3 Abs. 1 S. 2 InsO bestimmt der allgemeine Gerichtsstand nicht die örtliche Zuständigkeit des Insolvenzgerichts, wenn der Mittelpunkt einer selbständigen wirtschaftlichen Tätigkeit des Schuldners an einem anderen Ort liegt. In diesem Fall ist das Insolvenzgericht örtlich zuständig, in dessen Bezirk dieser Ort der wirtschaftlichen Tätigkeit liegt.

---

67 Busch in: Haarmeyer/Wutzke/Förster, InsO, § 2, Rn. 5.

Soweit aufgrund der Regelung des § 3 Abs. 1 InsO mehrere Gerichte für die Eröffnung des Insolvenzverfahrens örtlich zuständig sind, ist nach § 3 Abs. 2 InsO das Gericht zuständig, bei dem zuerst die Eröffnung des Insolvenzverfahrens beantragt wurde.

Auf internationaler Ebene ist gem. Art. 3 Abs. 1 S. 1 EuInsVO bzw. § 343 Abs. 1 in Verbindung mit § 3 Abs. 1 InsO das Gericht international für die Eröffnung des Regelinsolvenzverfahrens als Hauptinsolvenzverfahren zuständig, in dessen Bezirk der Mittelpunkt der wirtschaftlichen Interessen des Schuldners liegt.

Soweit die Gerichte verschiedener Mitgliedsstaaten sich unabhängig voneinander international für zuständig zur Eröffnung eines Hauptinsolvenzverfahrens halten, gilt im Sinne des Prioritätsprinzips das zuerst eröffnete Verfahren als Hauptinsolvenzverfahren, das zuerst eröffnet wurde.[68] Das später eröffnete Verfahren wird zu einem Sekundärinsolvenzverfahren, sofern eine Niederlassung in diesem Staat liegt.[69]

Es stellt sich mithin die Frage, wann ein Insolvenzverfahren als eröffnet im Sinne des Art. 3 EuInsVO anzusehen ist. Das Eröffnungsverfahren im deutschen Insolvenzrecht gilt auch bei vorheriger Anordnung einer „schwachen“ oder „starken“ vorläufigen Insolvenzverwaltung nicht als eröffnetes Hauptinsolvenzverfahren im Sinne des Art. 3 EuInsVO.[70] Erst mit der Eröffnung des Insolvenzverfahrens gemäß § 27 InsO ist ein Verfahren auch im Sinne des Art. 3 EuInsVO eröffnet. Eine Rückwirkung auf den Zeitpunkt der Anordnung der vorläufigen Insolvenzverwaltung kommt bereits aus dem Grunde nicht in Betracht, weil die nach diesem Zeitpunkt durch die Inanspruchnahme des Insolvenzgelds zugunsten der Bundesagentur für Arbeit noch entstandenen Forderungen nur Insolvenzforderungen darstellen. Die Möglichkeit des Insolvenzgelds dient der Masseanreicherung und kann daher nicht in einem eröffneten Verfahren im Sinne der EuInsVO stattfinden, da in diesem Fall die Lohnansprüche der Arbeitnehmer, deren Ausfall durch die Bundesagentur für Arbeit gedeckt werden soll, tatsächlich aus der Masse zu finanzieren wären.[71]

---

68 Smid, Internationales Insolvenzrecht, § 5, Rn. 7; Markowetz in: Buchegger, Insolvenzrecht, S. 265.

69 Smid, a. a. O.

70 BGH ZIP 2008, 1338; bejahend: Smid, Internationales Insolvenzrecht, § 5 Rn. 54; a. A. für den „starken“ vorläufigen Insolvenzverwalter: Knof/Mock ZIP 2006, 911,912.

71 Bähr/Smid, Die Rechtsprechung des BGH zur neuen Insolvenzordnung 1999 - 2006, S. 225.

In einem vom BGH mit Urteil vom 29.05.2008 entschiedenen Fall (BGH ZIP 2008, 1338) hatte das AG Düsseldorf am 19.03.2003 einen vorläufigen Insolvenzverwalter mit Zustimmungsvorbehalt bestellt. Am 16.05.2003 eröffnete der High Court of Justice zu Leeds/England das Hauptinsolvenzverfahren über das Vermögen der Schuldnerin. Die Eröffnung durch das AG Düsseldorf erfolgte am 10.07.2003 in Kenntnis der bereits erfolgten Entscheidung des High Courts of Justice zu Leeds. Mit Beschluss vom 07.04.2004 wurde das Insolvenzverfahren vom deutschen Rechtspfleger eingestellt und am gleichen Tage vom Insolvenzrichter ein Sekundärinsolvenzverfahren eröffnet, in dem der vormalige Insolvenzverwalter wiederum bestellt wurde. Der BGH hatte über die Wirksamkeit eines durch den Insolvenzverwalter am 02.02.2004 geschlossenen Vergleichs und die Vollstreckung daraus durch einen ehemaligen Arbeitnehmer zu entscheiden. Der BGH urteilte, dass der wirksamen Eröffnung eines inländischen Insolvenzverfahrens durch das AG Düsseldorf am 10.07.2003 die bereits erfolgte Entscheidung in England vom 16.05.2003 entgegenstünde. Die durch den vormaligen Insolvenzverwalter in dem in Deutschland fälschlicherweise eröffneten Hauptinsolvenzverfahren begründete Masseverbindlichkeit sei durch den Massegläubiger nicht gegen den Insolvenzverwalter im Sekundärinsolvenzverfahren vollstreckbar. Das Prioritätsprinzip sei nicht anwendbar, da die Anordnung einer vorläufigen Insolvenzverwaltung nicht die Eröffnung eines Hauptinsolvenzverfahrens im Sinne der EuInsVO darstelle.

Zuständig für die Eröffnung eines Partikularinsolvenzverfahrens bzw. eines Sekundärinsolvenzverfahrens ist im Übrigen nach Art. 3 Abs. 2 EuInsVO bzw. § 354 InsO das Amtsgericht als Insolvenzgericht in dessen Bezirk der Schuldner eine Niederlassung im Sinne des Art. 2 Nr. 10 EuInsVO hat.

2.) formelle Eröffnungsvoraussetzungen

Die formellen Voraussetzungen für die Eröffnung eines Regelinsolvenzverfahrens erschöpfen sich im Wesentlichen in der Insolvenzfähigkeit sowie einem notwendigen Antrag auf Eröffnung des Insolvenzverfahrens.

Das Regelinsolvenzverfahren kann grundsätzlich über das Vermögen der in § 11 InsO genannten Personen eröffnet werden, da diese insolvenzfähig sind.

Gemäß § 13 Abs. 1 S. 1 InsO wird das Insolvenzverfahren nur auf schriftlichen Antrag eröffnet. Die Antragsberechtigung liegt nach § 13 Abs. 1 S. 2 InsO bei den Gläubigern und beim Schuldner selbst. Bei juristischen Personen ist gem. § 15 Abs. 1 InsO grundsätzlich jedes Mitglied des Vertretungsorgans bzw. jeder persönlich haftende Gesellschafter oder Abwickler berechtigt. Im Falle der Führungslosigkeit fällt die Antragsberechtigung gem. § 15 Abs. 1 S. 2 InsO auf jeden Gesellschafter und die Mitglieder des Aufsichtsrats.

Ein Schuldnerantrag ist grundsätzlich gem. § 13 Abs. 1 S. 3 InsO mit einem Gläubiger- und Verbindlichkeitenverzeichnis zu versehen. Im Falle eines laufenden Geschäftsbetriebes sind gem. § 13 Abs. 1 S. 4 bis 7 InsO weitere Erklärungen über die Höhe der (gesicherten) Forderungen sowie insbesondere der Forderungen der öffentlichen Hand beizufügen. Durch das Gesetz zur weiteren Erleichterung der Sanierung von Unternehmen (ESUG) sind diese Angaben gemäß § 13 Abs. 1 S. 6 InsO verpflichtend, soweit die Eigenverwaltung beantragt wurde, die Merkmale des § 22 a InsO erfüllt sind oder die Einsetzung eines vorläufigen Gläubigerausschusses beantragt wurde. Gemäß § 13 Abs. 1 S. 7 InsO hat der beantragende Schuldner zudem eine Erklärung darüber beizufügen, dass die Angaben im Antrag richtig und vollständig sind.

Durch die Reformierung des § 13 InsO (Eröffnungsantrag) sind die Anforderungen an einen zulässigen Antrag gestiegen. Da es sich bei dem Insolvenzantragsverfahren jedoch um ein Eilverfahren handelt, stellt sich die Frage, wie das Insolvenzgericht mit einem unzulässigen Antrag über einen Schuldner mit laufendem Geschäftsbetrieb umgeht. Die Anordnung von Maßnahmen nach §§ 21 ff. InsO, insbesondere der Bestellung eines vorläufigen Insolvenzverwalters zur Sicherung des Vermögens und Fortführung des Geschäftsbetriebes kann bei einzelnen Schuldnerunternehmen keinen Aufschub dulden. Wenn der Schuldner beispielsweise im Lebensmittelhandel tätig ist, sind umgehend Maßnahmen zur Erhaltung der vorhandenen Werte des Umlaufvermögens (Vorräte) zu treffen. Aufgrund der bereits erfolgten Stellung des Insolvenzantrags und des Vorliegens der Insolvenzreife können Schuldner bzw. Geschäftsführer diese jedoch haftungsrechtlich ggf. nicht mehr veranlassen. Es bedarf daher unter Umständen bereits erster Sicherungsmaßnahmen des Insolvenzgerichts, obwohl ein zulässiger Antrag noch nicht vorliegt. Dies dürfte im Sinne der Gläubiger und somit der Insolvenzordnung sein, da Werte erhalten werden. Auch der Schuldner hat durch den Eigenantrag bereits gezeigt, dass er mit Sicherungsmaßnahmen des Insolvenzgerichts einverstanden ist. Da der Schuldner jedoch die Möglichkeit hat, den Eigenantrag zurückzunehmen, ist er hierauf hinzuweisen und mit kurzer Frist zur Ergänzung seines Eröffnungsantrages anzuhalten, um die notwendige Zulässigkeit herzustellen.

Der Antrag eines Gläubigers auf Eröffnung des Regelinsolvenzverfahrens ist zulässig, soweit ein rechtliches Interesse an der Eröffnung des Insolvenzverfahrens besteht und die Forderung des Gläubigers sowie der Eröffnungsgrund glaubhaft gemacht werden können, § 14 Abs. 1 S. 1 InsO. Soweit der Schuldner bei einem Gläubigerantrag die Forderung durch Zahlung erledigt, wird der Gläubigerantrag nicht allein durch diese Erfüllung unzulässig, § 14 Abs. 1 S. 2 InsO. Soweit der Gläubigerantrag zulässig ist, ist der Schuldner nach § 14 Abs. 2 InsO durch das Gericht zu hören. In diesem Zuge erhält er auch Gelegenheit, gegebenenfalls einen eigenen Eröffnungsantrag und somit auch einen Antrag auf Restschuldbefreiung zu stellen.

Fraglich ist, ob zu den formellen Eröffnungsvoraussetzungen auch die richtige Bezeichnung der einschlägigen Verfahrensart durch den Antragsteller zählt.[72] Das Gericht kann dem Antragsteller, der die Verfahrenseröffnung in einer bestimmten Verfahrensart beantragt hat, ggf. auf die Möglichkeit der Umstellung des Antrages hinweisen. Eine Umstellung durch das Insolvenzgericht von Amts wegen auf die statthafte Verfahrensart kommt nicht in Betracht, da es sich bei den verschiedenen Verfahrensarten um in einem Alternativverhältnis stehende Verfahren handelt.[73] Der Antrag wäre daher als unzulässig zurückzuweisen.[74]

Das Oberlandesgericht Köln hatte einen Fall zu entscheiden (OLG Köln ZInsO 2000, 612), in dem über das Vermögen eines selbstständigen Facharztes für Nuklearmedizin ein Fremdantrag auf Eröffnung des Insolvenzverfahrens gestellt worden war. Der Schuldner trug vor, dass der Antrag als unzulässig zurückzuweisen sei und beantragte hilfsweise die Eröffnung des Verbraucherinsolvenzverfahrens über sein Vermögen. Er machte geltend, dass er als Arzt Freiberufler sei und keinen in kaufmännischer Weise eingerichteten Geschäftsbetrieb benötige. Er unterhalte keine Finanz- und Lohnbuchhaltung und bilanziere nicht. Trotz eines Honorarumsatzes von rund 640.000,00 DM pro Jahr entspreche er daher dem gesetzlichen Bild des Minderkaufmanns. Das vom zuständigen Insolvenzgericht eingeholte Gutachten sollte auch die Frage beleuchten, ob der Schuldner eine selbstständige wirtschaftliche Tätigkeit im Sinne der Insolvenzordnung ausübe. Das Gutachten kam zu dem Ergebnis, dass auf den Schuldner die Bestimmung des Regelinsolvenzverfahrens anzuwenden sei. Der Antrag des Schuldners auf Eröffnung des Verbraucherinsolvenzverfahrens wurde als unzulässig zurückgewiesen. Gegen diesen Beschluss legte der Schuldner sofortige Beschwerde ein, die das zuständige Landgericht zurückwies. Die hiergegen gerichtete weitere Beschwerde sah das OLG Köln als begründet an, da das Landgericht die Erstbeschwerde nicht hätte zurückweisen dürfen, sondern den mit diesem Rechtsmittel angefochtenen Beschluss des Amtsgerichts hätte aufheben müssen, weil die verfahrensrechtlichen Voraussetzungen, unter denen über den lediglich hilfsweise gestellten Antrag des Schuldners auf Eröffnung des Verbraucherinsolvenzverfahrens zu entscheiden gewesen wäre, noch nicht eingetreten waren. In dem vorliegenden Fall, dass der Insolvenzantrag von einem Gläubiger gestellt worden ist, sei dem Schuldner Gelegenheit zu geben, selbst einen Antrag auf Eröffnung des Verfahrens zu stellen. Der Schuldner habe den Antrag jedoch lediglich hilfsweise gestellt, für den Fall, dass der Fremdantrag zur Eröffnung des Verfahrens führe. Es sei daher zunächst eine Entscheidung über den Hauptantrag zu fällen. Weiter wies das

72 Pape/Uhlenbruck/Voigt-Salus, Insolvenzrecht, Kap. 21, Rn. 4.
73 Pape/Uhlenbruck/Voigt-Salus, a. a. O.
74 OLG Köln ZInsO 2000, 612.

OLG Köln darauf hin, dass im Übrigen die Entscheidung des Landgerichts zutreffend und das Regelinsolvenzverfahren anwendbar sei. Soweit der Schuldner seinen Antrag nicht auf die richtige Verfahrensart umstelle, sei sein Antrag auf Eröffnung des Verbraucherinsolvenzverfahrens zurückzuweisen, sobald die Voraussetzungen zur Entscheidung darüber vorlägen.

Soweit im Rahmen des Insolvenzantrages nicht die Durchführung eines bestimmten Verfahrens beantragt wird, hat das Gericht gem. § 5 Abs. 1 InsO entsprechende Ermittlungen durchzuführen und das Verfahren in der statthaften Verfahrensart zu eröffnen.

3.) materielle Eröffnungsvoraussetzungen

Die Eröffnung des Insolvenzverfahrens setzt nach § 16 InsO einen Eröffnungsgrund voraus. Die Eröffnungsgründe sind den §§ 17 bis 19 InsO abschließend aufgeführt.

Hierzu zählt laut § 17 Abs. 1 InsO die Zahlungsunfähigkeit. Gemäß § 17 Abs. 2 S. 1 InsO ist der Schuldner zahlungsunfähig, wenn er nicht in der Lage ist, die fälligen Zahlungspflichten zu erfüllen. Dies ist nach § 17 Abs. 1 S. 2 InsO in der Regel anzunehmen, soweit der Schuldner seine Zahlungen eingestellt hat. Die Prüfung der Zahlungsunfähigkeit erfolgt nach dem Standard 11 des Instituts der Wirtschaftsprüfer (IDW) in zwei Schritten:

Zunächst wird ein Finanzstatus erstellt, der die verfügbaren liquiden Mittel den fälligen Verbindlichkeiten gegenüberstellt.[75] Können die fälligen Verbindlichkeiten mit den vorhandenen liquiden Mitteln erfüllt werden, liegt keine Zahlungsunfähigkeit vor.[76] Reichen die liquiden Mittel nicht aus, um die fälligen Verbindlichkeiten zu decken, ist in einem zweiten Schritt ein Finanzplan aufzustellen, der die Zahlungsmittelzuflüsse der kommenden Wochen sowie die Zahlungsmittelabflüsse erfasst.[77] Ergibt der Finanzplan, dass die Liquiditätslücke innerhalb von drei Wochen beseitigt ist, liegt keine Zahlungsunfähigkeit vor.[78] Ist die Lücke auch nach drei Wochen noch vorhanden, ist zu prüfen, ob diese Lücke 10 % oder mehr der insgesamt fälligen Verbindlichkeiten umfasst.[79]

---

75 IDW S 11, Fassung vom 22.08.2016, Rn. 23.
76 IDW S 11, Rn. 24.
77 IDW S 11, Rn. 25.
78 BGH NJW 2005, 3062, 3064.
79 IDW S 11, Rn. 41.

Wenn die Lücke 10 % oder mehr beträgt, liegt in der Regel Zahlungsunfähigkeit vor, wenn die Schließung nicht mit an Sicherheit grenzender Wahrscheinlichkeit kurzfristig erfolgt.[80] Ist die Liquiditätslücke kleiner als 10 % und in absehbarer Zeit zu beseitigen, liegt lediglich eine Zahlungsstockung vor.[81] Es ist dann ein Liquiditätsplan zur weiteren Entwicklung der Liquiditätslücke zu erstellen.[82] Bleibt die Lücke dauerhaft vorhanden oder überschreitet demnächst 10 %, geht man ebenfalls von Zahlungsunfähigkeit aus.[83]

§ 17 Abs. 2 Satz 2 InsO regelt weiter, dass Zahlungsunfähigkeit in der Regel anzunehmen ist, wenn der Schuldner seine Zahlung eingestellt hat. Es handelt sich um eine widerlegbare Vermutung. Eine Zahlungseinstellung liegt vor, wenn der Schuldner aufgrund mangelnder Liquidität aufgehört hat, seine fälligen Verbindlichkeiten zu erfüllen und dies für Außenstehende erkennbar ist.[84]

Nach § 18 InsO ist bei einem Antrag auf Eröffnung des Insolvenzverfahrens durch den Schuldner selbst auch die drohende Zahlungsunfähigkeit ein Eröffnungsgrund. Nach § 18 Abs. 2 InsO droht der Schuldner zahlungsunfähig zu werden, wenn er voraussichtlich nicht in der Lage sein wird, die bestehenden Zahlungspflichten im Zeitpunkt ihrer jeweiligen Fälligkeit zu erfüllen.

Bei juristischen Personen ist gem. § 19 Abs. 1 InsO auch die Überschuldung ein Eröffnungsgrund. Aufgrund der Regelungen des Finanzmarktstabilisierungsgesetzes ist gem. § 19 Abs. 2 InsO Überschuldung im Sinne der Insolvenzordnung eingetreten, wenn das Vermögen des Schuldners die bestehenden Verbindlichkeiten nicht mehr deckt, es sei denn, die Fortführung des Unternehmens ist nach den Umständen überwiegend wahrscheinlich.

Von einer solchen positiven Fortbestehensprognose geht man aus, wenn die Zahlungsfähigkeit des Unternehmens in einem realistischen Prognosezeitraum überwiegend wahrscheinlich ist.[85] Ist die Fortbestehensprognose negativ, ist ein Überschuldungsstatus zu erstellen, in welchem das Vermögen zu Liquidationswerten und die Verbindlichkeiten des Unternehmens gegenübergestellt

80 BGH NJW 2005, 3062, 3065.
81 IDW S 11, Rn. 41.
82 IDW S 11, Fassung vom 22.08.2016, Rn. 43.
83 BGH NZI 2007, 36, 37.
84 BGH ZIP 2001, 1155.
85 IDW S 11, Rn. 65.

werden.[86] Weist dieser Überschuldungsstatus eine Unterdeckung aus, liegt insolvenzrechtliche Überschuldung vor.[87]

Soweit ein Insolvenzgrund vorliegt, bedarf es zur Eröffnung des Regelinsolvenzverfahrens gem. § 26 Abs. 1 S. 1 InsO einer ausreichenden Masse, um die Kosten des Verfahrens zu decken. Dies ist nicht Eröffnungsvoraussetzung soweit die Kosten des Verfahrens nach § 4 a InsO gestundet werden. Eine Verfahrenskostenstundung ist gemäß § 4 a Abs. 1 S. 1 InsO möglich, soweit der Schuldner eine natürliche Person ist und er einen Antrag auf Restschuldbefreiung gestellt hat. Die Stundung der Verfahrenskosten erfolgt sodann, soweit sein Vermögen voraussichtlich nicht ausreichen wird, um die Kosten des Verfahrens zu decken.

II.) Voraussetzungen Verbraucherinsolvenzverfahren bzw. vereinfachtes Verfahren

1.) Zuständigkeit

Im Rahmen der Zuständigkeit für die Eröffnung des Verbraucherinsolvenzverfahrens bzw. eines sonstigen Kleinverfahrens nach den §§ 304 ff. InsO ergeben sich keine Besonderheiten im Vergleich zur Zuständigkeit für die Eröffnung des Regelinsolvenzverfahrens. Sachlich zuständig ist das Amtsgericht als Insolvenzgericht. Auch funktionell ist nach derzeitiger Rechtslage gem. § 18 RPflG der Insolvenzrichter zuständig.

Die örtliche Zuständigkeit richtet sich auch im Rahmen der Verbraucherinsolvenzverfahren und sonstigen Kleinverfahren nach dem allgemeinen Gerichtsstand, § 3 Abs. 1 S. 1 InsO. Die Ausnahme des § 3 Abs. 1 S. 2 InsO kommt naturgemäß nicht in Betracht, da bei einem Verfahren nach § 304 InsO im Zeitpunkt der Antragstellung gerade keine selbstständige wirtschaftliche Tätigkeit mehr ausgeübt werden darf.[88]

Auch auf internationaler Ebene ergeben sich keine Abweichungen zu den Zuständigkeiten für die Eröffnung eines Regelinsolvenzverfahrens, sodass nach Art. 3 Abs. 1 S. 1 EuInsVO bzw. § 343 Abs. 1 InsO i.V.m. § 3 Abs. 1 InsO das Gericht zuständig für die Eröffnung des Hauptinsolvenzverfahrens ist, in dessen Bezirk der Mittepunkt der wirtschaftlichen Interessen des Schuldners liegt.

86 IDW S 11, Rn. 73.
87 IDW S 11, Rn. 69.
88 Ganter/Lohmann in: Münchener Kommentar zur Insolvenzordnung, Band 1, § 3, Rn. 9.

Die Eröffnung eines Partikularinsolvenzverfahrens im Rahmen der §§ 304 ff. InsO nach Art. 3 Abs. 2 EuInsVO bzw. § 354 InsO dürfte nicht in Betracht kommen. Nach den vorgenannten Regelungen bedarf es einer Niederlassung in dem jeweiligen Staat. Soweit jedoch eine Niederlassung und dort belegenes Vermögen vorhanden sind, dürften die Voraussetzungen des § 304 InsO nicht mehr vorliegen.

2.) formelle Eröffnungsvoraussetzungen

Die Eröffnung eines Verbraucherinsolvenzverfahrens bzw. eines vereinfachten Verfahrens setzt wiederum die Insolvenzfähigkeit gem. § 11 InsO voraus, die bei den in § 304 InsO genannten natürlichen Personen nach § 11 Abs. 1 Satz 1 InsO unproblematisch gegeben ist. Überdies bedarf es zur Eröffnung des Insolvenzverfahrens eines Eröffnungsantrags im Sinne des § 13 Abs. 1 S. 1 InsO sowie ggf. der Voraussetzungen des § 14 Abs. 1 InsO bei einem Gläubigerantrag.

Des Weiteren müssen die Voraussetzungen des § 304 InsO vorliegen. Bei dem Schuldner muss es sich um eine natürliche Person handeln, die keine selbständige wirtschaftliche Tätigkeit ausübt oder ausgeübt hat. Soweit der Schuldner früher eine selbständige wirtschaftliche Tätigkeit ausgeübt hat, kommt eine Eröffnung gem. §§ 304 Abs. 1 S. 2 InsO in Betracht, wenn die Vermögensverhältnisse des Schuldners überschaubar sind und gegen ihn keine Forderungen aus Arbeitsverhältnissen bestehen. Nach § 304 Abs. 2 InsO sind die Vermögensverhältnisse überschaubar, wenn der Schuldner zu dem Zeitpunkt zu dem der Antrag auf Eröffnung des Insolvenzverfahrens gestellt wird, weniger als 20 Gläubiger hat.

Soweit der Antrag auf Eröffnung des Verbraucherinsolvenzverfahrens bzw. sonstigen Kleinverfahrens vom Schuldner selbst gestellt wurde, ist nach § 305 Abs. 1 Nr. 1 InsO eine Bescheinigung von einer geeigneten Person oder Stelle beizufügen, aus der sich ergibt, dass eine außergerichtliche Einigung mit den Gläubigern über die Schuldenbereinigung auf der Grundlage eines Schuldenbereinigungsplans innerhalb der letzten sechs Monate vor dem Antrag erfolglos versucht worden ist. Der Plan sowie die wesentlichen Gründe für das Scheitern sind beizufügen bzw. darzulegen. Nach § 305 a InsO ist der Versuch gescheitert, wenn ein Gläubiger die Zwangsvollstreckung betreibt, nachdem die Verhandlungen über die außergerichtliche Schuldenbereinigung aufgenommen wurden.

Gemäß § 305 Abs. 1 Nr. 2 bis 4 InsO sollen überdies der Antrag auf Erteilung der Restschuldbefreiung oder die Erklärung, dass Restschuldbefreiung nicht beantragt werden soll, ein Verzeichnis des vorhandenen Vermögens und des

Einkommens sowie ein Verzeichnis der Gläubiger und ein Schuldenbereinigungsplan beigefügt sein.

Nach § 306 Abs. 1 S. 1 InsO ruht das Verfahren über den Antrag auf Eröffnung des Insolvenzverfahrens bis zur Entscheidung über diesen Schuldenbereinigungsplan, höchstens jedoch drei Monate. Gemäß § 306 Abs. 1 S. 3 InsO kann das Gericht nach Anhörung des Schuldners die Fortsetzung des Verfahrens anordnen, soweit der Schuldenbereinigungsplan voraussichtlich nicht angenommen wird.

Bei dem Eröffnungsantrag eines Gläubigers ist nach § 306 Abs. 3 S. 1 InsO vor der Entscheidung über die Eröffnung des Insolvenzverfahrens nach den §§ 304 ff. InsO dem Schuldner Gelegenheit zu geben, ebenfalls einen Antrag auf Eröffnung des Insolvenzverfahrens über sein Vermögen zu stellen. Hierdurch erhält der Schuldner die Möglichkeit, auch die Restschuldbefreiung zu beantragen.

3.) materielle Eröffnungsvoraussetzungen

Materielle Eröffnungsvoraussetzungen für die Eröffnung eines Verbraucherinsolvenzverfahrens oder sonstigen Kleinverfahrens ist wiederum das Vorliegen eines Eröffnungsgrundes, § 16 InsO.

Da die Überschuldung im Sinne des § 19 InsO lediglich bei juristischen Personen als Eröffnungsgrund in Betracht kommt, verbleiben lediglich die Eröffnungsgründe der Zahlungsunfähigkeit sowie der drohenden Zahlungsunfähigkeit im Sinne der §§ 17 bzw. 18 InsO. Der ohnehin in der Praxis nicht sehr relevante Eröffnungsgrund der drohenden Zahlungsunfähigkeit im Sinne des § 18 InsO fällt bei Verbrauchern sowie Kleingewerbetreibenden aufgrund der fehlenden Liquiditätsplanung kaum ins Gewicht.

III.) Voraussetzungen Nachlassinsolvenzverfahren

1.) Zuständigkeit

Sachlich zuständig für die Eröffnung des Nachlassinsolvenzverfahrens ist ebenfalls das Amtsgericht als Insolvenzgericht gemäß § 2 InsO.

Funktionell zuständig ist der Insolvenzrichter gem. § 18 RPflG. Auch im Nachlassinsolvenzverfahren gilt der in § 5 Abs. 1 InsO geregelte Amtsermittlungsgrundsatz.

Örtlich zuständig ist nach § 315 S. 1 InsO das Insolvenzgericht, in dessen Bezirk der Erblasser zur Zeit seines Todes seinen allgemeinen Gerichtsstand im Sinne des § 13 ZPO hatte. Soweit der Mittelpunkt einer durch den Erblasser ausgeführten selbständigen wirtschaftlichen Tätigkeit an einem anderen Ort als seinem allgemeinen Gerichtsstand lag, ist gem. § 315 S. 2 InsO ausschließlich das Insolvenzgericht zuständig, in dessen Bezirk dieser Ort der selbständigen Tätigkeit liegt.

Die internationale Zuständigkeit für die Eröffnung eines Haupt- bzw. Partikularinsolvenzverfahrens richtet sich ebenfalls nach dem letzten Wohnsitz bzw. dem Mittelpunkt der wirtschaftlichen Interessen des Erblassers.[89]

2.) formelle Eröffnungsvoraussetzungen

Der Nachlass ist nach § 11 Abs. 2 Nr. 2 InsO insolvenzfähig. Gemäß § 13 Abs. 1 S. 1 InsO ist ein Antrag auf Eröffnung des Insolvenzverfahrens über einen Nachlass erforderlich.

Es ist laut § 316 Abs. 1 InsO unbeachtlich, ob der Erbe die Erbschaft bereits angenommen oder ausgeschlagen hat oder er für die Nachlassverbindlichkeiten unbeschränkt haftet. Nach § 316 Abs. 2 InsO ist die Eröffnung des Insolvenzverfahrens über einen Nachlass auch nach der Teilung des Nachlasses zulässig, soweit mehrere Erben vorhanden sind.

Unstatthaft ist die Eröffnung des Nachlassinsolvenzverfahrens nur über einen Erbteil, § 316 Abs. 3 InsO.

Antragsberechtigt ist nach § 17 Abs. 1 InsO jeder Erbe, der Nachlassverwalter sowie ein anderer Nachlasspfleger, ein Testamentsvollstrecker dem die Verwaltung des Nachlasses zusteht, sowie jeder Nachlassgläubiger.

Gemäß § 317 Abs. 2 InsO ist der Antrag auf Eröffnung des Insolvenzverfahrens über einen Nachlass der nicht von allen Erben gestellt wird, lediglich zulässig soweit der Eröffnungsgrund glaubhaft gemacht wird.

Wenn eine Testamentsvollstreckung vorliegt und Antrag auf Eröffnung des Insolvenzverfahrens über einen Nachlass gestellt wird, sind Testamentsvollstrecker bzw. Erben zu hören, § 317 Abs. 3 InsO.

Die Frist für die Stellung des Antrags auf Eröffnung eines Insolvenzverfahrens über den Nachlass beträgt nach § 319 InsO zwei Jahre nach Annahme der Erbschaft.

89 Lüer/Weidmüller in: Uhlenbruck, InsO, § 315, Rn. 17.

3.) materielle Eröffnungsvoraussetzungen

Es bedarf auch für die Eröffnung des Insolvenzverfahrens über einen Nachlass eines Eröffnungsgrundes. Diese sind nach § 320 S. 1 InsO Zahlungsunfähigkeit im Sinne des § 17 InsO sowie Überschuldung gem. § 19 InsO.

Laut § 320 S. 2 InsO ist auch drohende Zahlungsunfähigkeit ein Eröffnungsgrund, soweit der Erbe, der Nachlassverwalter oder ein anderer Nachlasspfleger bzw. ein Testamentsvollstrecker die Eröffnung des Verfahrens beantragen.

D. Abgrenzungsprobleme/Fehleinschätzungen

Die Eröffnung des Insolvenzverfahrens erfolgt lediglich auf Antrag. Der Insolvenzrichter hat die Entscheidung über die Eröffnung zu treffen und hierbei gemäß § 5 Abs. 1 S. 1 InsO im Wege der Amtsermittlung sämtliche verfahrensrelevanten Umstände zu ermitteln. Hierzu werden bei Stellung eines Antrags auf Eröffnung des Regelinsolvenzverfahrens sowie eines Nachlassinsolvenzverfahrens regelmäßig Sachverständige bestellt, die das Vorliegen eines Eröffnungsgrunds sowie das Vorhandensein einer die Verfahrenskosten deckenden Masse zu prüfen haben. Im Rahmen des Antrags auf Eröffnung eines Verfahrens im Sinne der §§ 304 ff. InsO ist aufgrund der Massesituation die Einsetzung eines Sachverständigen normalerweise nicht geboten, sodass der Insolvenzrichter lediglich anhand des – ggf. auf eine Verfahrensart beschränkten – Antrags die Entscheidung über die Eröffnung des Insolvenzverfahrens zu treffen hat.

Die Formularvorlagen für die Stellung von Insolvenzanträgen sind in der Regel bereits auf eine bestimmte Verfahrensart bezogen, sodass gerade im Massengeschäft der IK-Verfahren häufig der Erklärung des Eigenantragstellers über seine wirtschaftlichen Verhältnisse und die hiermit verbundene einschlägige Verfahrensart eine hohe Bedeutung zukommt. Da der Antragsteller jedoch als Laie die Regelungen der §§ 304 ff. InsO in der Regel nicht überblicken kann, kommt es mitunter zu Fehleinschätzungen bei der Verfahrenseröffnung. Die Folgen dieser Fehleinschätzungen fallen ggf. erst später dem Insolvenzverwalter bzw. Treuhänder auf.

Des Weiteren kann auch bei der Einsetzung eines Sachverständigen eine Fehleinschätzung aufgrund von bewusster oder unbewusster Fehlinformation durch den Antragsteller oder beteiligte Dritte zur Eröffnung des Verfahrens in der objektiv „falschen" Verfahrensart führen.

Letztlich kommen tatsächliche Ereignisse im Zeitraum nach Antragstellung in Betracht, die dazu führen können, dass ein Verfahren aufgrund der Fehleinschätzung der Eröffnungsvoraussetzungen in der objektiv „falschen" Verfahrensart eröffnet wird.

Im Folgenden sollen vier mögliche Fallgruppen von Fehleinschätzungen herausgegriffen und auf ihre Folgen untersucht werden. Es handelt sich jeweils um Konstellationen in denen die Abgrenzung zwischen den Verfahrensarten aufgrund von fehlenden Informationen oder tatsächlich veränderten Umständen nicht ohne weiteres möglich ist und Konsequenzen für den Verfahrensablauf hat.

I.) Regelinsolvenzverfahren/Verbraucherinsolvenzverfahren

Bei der Abgrenzung zwischen Regelinsolvenzverfahren und Verbraucherinsolvenzverfahren bzw. sonstigen Kleinverfahren kommt es bereits auf nationaler Ebene zu Abgrenzungsschwierigkeiten. Soweit die Informationen und Angaben des Antragstellers über die wirtschaftlichen Verhältnisse – insbesondere die Frage der selbstständigen Tätigkeit im Sinne des § 304 InsO – nicht vollständig oder wahrheitsgemäß vorliegen, kann es zu Fehleinschätzungen kommen. Der einen Eigenantrag stellende Schuldner ist nach § 20 Abs. 1 S. 1 InsO verpflichtet, Auskünfte zu erteilen die zur Entscheidung über den Antrag erforderlich sind. Dies dient der Förderung der Amtsermittlungspflicht im Sinne des § 5 Abs. 1 S. 1 InsO.[90] Bei Anzeichen für den Antrag auf Eröffnung in einer unstatthaften Verfahrensart kommt es in der Praxis mithin vor, dass das Insolvenzgericht einen Sachverständigen zur Begutachtung der Frage der richtigen Verfahrensart bestellt. Der Sachverständige wird in diesen Fällen lediglich die Voraussetzungen des § 304 InsO zu prüfen haben.

Soweit eine objektive Fehleinschätzung erfolgt, kann es zu zwei verschiedenen Folgen der „falschen" Verfahrenseröffnung kommen:

- es wird ein Regelinsolvenzverfahren über das Vermögen einer natürlichen Person eröffnet, die objektiv unter die Voraussetzungen eines Verbraucher- oder vereinfachten Verfahrens fällt, sodass das Verfahren nach den allgemeinen Regelungen ohne die Sonderregelungen der §§ 304 ff. InsO durchgeführt wird.
- es wird ein Verbraucher- oder vereinfachtes Insolvenzverfahren über das Vermögen einer natürlichen Person eröffnet, die objektiv nicht unter die Voraussetzungen des § 304 InsO fällt, sodass die Regelungen der §§ 304 ff. InsO einschlägig sind, obwohl dies vom Gesetzgeber in diesem Fall nicht gewollt ist.

---

90 Bähr/Smid, Die Rechtsprechung des BGH zur neuen Insolvenzordnung 1999 - 2006, S. 217.

II.) Eröffnung des Insolvenzverfahrens durch ein unzuständiges Gericht

Durch eine Änderung des Gerichtsstandes oder des Mittelpunkts der wirtschaftlichen Interessen kann sich sowohl national als auch international eine veränderte Zuständigkeit ergeben.

Aufgrund durch den Schuldner im Vorfeld der Insolvenz beabsichtigter oder aufgrund der zeitlichen Abfolge zufälliger Zuständigkeitsverschiebungen kann die Eröffnung des Insolvenzverfahrens bei dem „alten" bzw. „neuen" Insolvenzgericht nicht (mehr) den objektiven Tatsachen entsprechen. Hierdurch ergeben sich auf nationaler Ebene örtliche Folgen, da ein anderes als das eigentlich zuständige Insolvenzgericht das Insolvenzverfahren durchführt und hierdurch in der Regel auch ein anderer Insolvenzverwalter ausgewählt wird.

Auf internationaler Ebene kommt es gar zu der Einschlägigkeit des Insolvenzrechts eines anderen Staates gemäß §§ 335, 343 InsO bzw. Art. 4 EuInsVO. Soweit ein Sekundärinsolvenzverfahren nicht beantragt wird bzw. nicht zur Eröffnung kommt, gilt dies auch für das in dem objektiv zuständigen Staat belegene Vermögen.

Soweit ein Insolvenzantrag einen internationalen Bezug hat, stellt sich zudem die Frage, ob es sich bei dem zu eröffnenden Verfahren um ein Haupt- oder ein Partikularinsolvenzverfahren (ggf. in der Form des Sekundärinsolvenzverfahrens) handelt. Grundsätzlich hat das Insolvenzgericht in diesen Fällen im Eröffnungsbeschluss zu benennen, um welche Art des Verfahrens es sich handelt, um die universelle Wirkung eines Hauptinsolvenzverfahrens bzw. die eingeschränkte Wirkung eines Partikularinsolvenzverfahrens zu verdeutlichen.[91] In der Praxis der deutschen Insolvenzgerichte erfolgt grundsätzlich nur die Eröffnung des Insolvenzverfahrens per Beschluss des Richters. Eine ausdrückliche Abgrenzung ohne das Vorliegen internationaler Bezüge erfolgt in der Regel nicht.

In Österreich hat das Gericht im Anwendungsbereich der EuInsVO in der Entscheidung über die Eröffnung des Insolvenzverfahrens auszusprechen, ob es sich um ein Haupt-, Partikular- oder Sekundärverfahren im Sinne der EuInsVO handelt. Diese Entscheidung ist zudem im sog. Insolvenzverfahrensedikt[92] öffentlich bekannt zu machen.[93] In Deutschland enthalten die Eröffnungsbeschlüsse in der Regel keine Entscheidung darüber, ob es sich um ein Haupt-, Partikular- oder Sekundärverfahren handelt. In diesen

---

91 Smid in: Leonhardt/Smid/Zeuner, Internationales Insolvenzrecht, EGInsO Art. 102, § 2, Rn. 2; Becker in: Nerlich/Römermann, Inso, § 1, Rn. 13.

92 http://www.edikte.justiz.gv.at.

93 Markowetz in: Buchegger, Insolvenzrecht, S. 105.

> Fällen dürfte das Insolvenzgericht stets von der Eröffnung eines Hauptinsolvenzverfahrens ausgegangen sein. Soweit sich die Frage der Verfahrensart im internationalen Bezug noch stellt, dürfte ein Ergänzungsbeschluss notwendig werden.[94]

Soweit zwei Gerichte verschiedener EU-Mitgliedsstaaten sich beide für zuständig erklären, wird dieser positive Kompetenzkonflikt mangels ausdrücklicher Regelung in der EuInsVO aufgrund der universellen Wirkung der Eröffnung des Hauptinsolvenzverfahrens im Wege des Prioritätsprinzips gelöst. Maßgeblicher Zeitpunkt für die Anwendung des Prioritätsprinzips ist der Zeitpunkt der Wirksamkeit des Eröffnungsbeschlusses.[95] Das zeitlich später eröffnete Verfahren ist als Sekundärinsolvenzverfahren zu führen.[96] Fraglich ist jedoch, welche Auswirkungen es hat, wenn das das Hauptinsolvenzverfahren eröffnende Gericht von falschen Voraussetzungen ausgegangen ist und somit objektiv nicht für die Eröffnung eines Hauptinsolvenzverfahrens zuständig ist.

III.) Eröffnung des Insolvenzverfahrens über das Vermögen nicht mehr existierender Personen

Mögliche Fehleinschätzungen können sich überdies aus tatsächlichen Geschehnissen ergeben, die dazu führen, dass der Insolvenzschuldner als solcher nicht mehr insolvenzfähig ist.

Bei natürlichen Personen kann sich dies durch den Tod des Schuldners ergeben. Soweit das Insolvenzverfahren über das Vermögen einer natürlichen Person bereits eröffnet ist, wird das Verfahren von Amts wegen in ein Nachlassinsolvenzverfahren übergeleitet.[97] Dies gilt auch, für Personen, die unter § 304 InsO fielen.[98]

Etwas anderes kann sich jedoch ergeben, sofern der Insolvenzschuldner vor der Eröffnung des Verfahrens jedoch nach der Stellung des Insolvenzantrags ablebt.

Juristische Personen können aufgrund der Löschung von Amts wegen nicht mehr als solche existent sein. Soweit dies dem Sachverständigen und dem eröffnenden Insolvenzgericht nicht bekannt ist, kommt es ggf. zur Eröffnung des Verfahrens über das Vermögen einer nicht mehr existierenden oder nicht mehr insolvenzfähigen juristischen Person. Hierdurch ergeben sich je nach den gesellschaftsrechtlichen Abwicklungs- und Nachfolgeregelungen etwaige Fragen der Folgen dieser Fehleinschätzung.

---

94 AG Hamburg NZI 2009, 343, 344.

95 LG Hamburg NZI 2005, 645; Herchen, ZIP 2005, 1401, 1403.

96 Herchen ZIP 2005, 1401, 1402.

97 Buck in: Braun InsO, § 304, Rn. 19; Bauch in: Braun InsO, § 315, Rn. 19.

98 BGH ZIP 2008, 798, 799.

E. Regelinsolvenzverfahren/ Verbraucherinsolvenzverfahren

I.) Abgrenzung der Voraussetzungen von Regel- und Verbraucherinsolvenzverfahren bzw. vereinfachten Verfahrens im Eröffnungsverfahren

1.) Alternativverhältnis der Verfahren

Regelinsolvenzverfahren und Verbraucherinsolvenzverfahren stehen in einem sich ausschließenden Alternativverhältnis, da es sich bei den beiden Verfahrensarten um nebeneinander stehende Varianten des Insolvenzverfahrens handelt. Es bestehen strukturelle Unterschiede, sowohl in den Voraussetzungen als auch im Ablauf des eröffneten Verfahrens.[99]

Der Insolvenzantrag kann daher nur zur Eröffnung einer bestimmten Verfahrensart führen, welche objektiv festzustellen ist und nicht vom Antragsteller oder anderer Verfahrensbeteiligter festgelegt werden kann.[100] Eine Überleitung in die andere Verfahrensart nach bereits erfolgter Eröffnung ist nicht rechtmäßig.[101]

2.) Ermittlungspflicht des Gerichts

Aufgrund der Regelung des § 5 Abs. 1 InsO ist das Insolvenzgericht von Amts wegen verpflichtet, die einschlägige Verfahrensart anhand der vorliegenden Tatsachen zu ermitteln und das Verfahren in der entsprechenden Verfahrensart zu eröffnen, soweit kein beschränkter Antrag vorliegt.[102]

3.) Regelinsolvenzverfahren als gesetzlicher Regelfall

In der Systematik der InsO stellt das Regelinsolvenzverfahren den gesetzlichen Regelfall dar, während das Verbraucherinsolvenzverfahren bzw. die sonstigen Kleinverfahren im Sinne der §§ 304 ff. InsO einen Sonderfall darstellen, der bei

---

99 BGH ZIP 2005, 798, 800; BGH WM 2013, 1036, 1037.

100 Henning in: Handbuch des Fachanwalts Insolvenzrecht, Kap. 16, Rn. 11; Pape/Uhlenbruck/Voigt-Salus, Insolvenzrecht, Kap. 40, Rn. 26; Smid, Handbuch Insolvenzrecht, § 47, Rn. 9.

101 BGH NZI 2013, 540, 541; BGH NZI 2011, 410; BGH NZI 2008, 382.

102 Pape/Uhlenbruck/Voigt-Salus, a. a. O.

Vorliegen bestimmter Voraussetzungen einschlägig ist.[103] In Fällen, in denen sich eine Zuordnung als Verfahren nach den §§ 304 ff. InsO nicht zweifelsfrei feststellen lässt, ist daher das Regelinsolvenzverfahren als statthafte Verfahrensart zu wählen. Die Verfahren im Sinne der §§ 304 ff. InsO stellen die gesetzliche Ausnahme dar, sodass ihre Voraussetzungen zweifelsfrei gegeben sein müssen.[104]

In einem vom AG Leipzig entschiedenen Fall hatte der Schuldner Verbindlichkeiten gegenüber 16 Gläubigern in einer Höhe von insgesamt 1.581.906,00 €. Diese Verbindlichkeiten stammten nach den Feststellungen des Gerichts aus Immobiliengeschäften des Schuldners sowie einer vormaligen selbstständigen Tätigkeit im Rahmen einer Gesellschaft bürgerlichen Rechts (GbR). Darüber hinaus kamen nach den Feststellungen des Gerichts Forderungen aus anfechtbaren Rechtshandlungen in Betracht. Das Gericht eröffnete ein Regelinsolvenzverfahren, da die Vermögensverhältnisse nicht überschaubar waren und die durch die GbR betriebenen Grundstücksgeschäfte über eine private Vermögensverwaltung hinausgingen. Es waren mindestens neun vermietete Wohnungen vorhanden, so dass das Gericht eine Büroorganisation für notwendig hielt und hieraus eine (ggfs. ehemals) selbstständige Tätigkeit ableitete.

Gerade bei ehemals selbständigen Schuldnern ist in der Regel von einer Nichtüberschaubarkeit der Vermögensverhältnisse auszugehen, sodass die §§ 304 ff. InsO nicht einschlägig sein dürften.[105]

4.) Vorliegen der Voraussetzungen nach § 304 InsO als Sonderfall

Soweit die Voraussetzungen des § 304 InsO vorliegen, ist ein gesetzlicher Sonderfall einschlägig, der eine Abweichung vom Regelinsolvenzverfahren erlaubt.

Nach § 304 Abs. 1 S. 1 InsO ist ein Verbraucherinsolvenzverfahren durchzuführen, soweit der Schuldner eine natürliche Person ist, die keine selbständige wirtschaftliche Tätigkeit ausübt oder ausgeübt hat.[106]

a) selbstständige wirtschaftliche Tätigkeit

Der Begriff der selbständigen wirtschaftlichen Tätigkeit im Sinne des § 304 Abs. 1 S. 1 InsO definiert sich wie folgt:

---

103 BGH NZI 2003, 647; BGH ZInsO 2008, 1324, 1325, BGH ZInsO 2009, 682, 684.

104 AG Leipzig ZInsO 2011, 2241, 2247.

105 Büttner, ZInsO 2011, 2201, 2210.

106 von Vietinghoff in: Münchener Anwalts Handbuch – Insolvenz und Sanierung, § 25, Rn. 6.

Eine selbständige wirtschaftliche Tätigkeit ist gegeben, soweit der Schuldner im eigenen Namen, in eigener Verantwortung und frei von Weisungen Dritter für eigene Rechnung und auf eigenes Risiko tätig ist.[107] Diese Voraussetzungen sind bei jeder kaufmännischen, gewerblichen und freiberuflichen Tätigkeit erfüllt.[108]

In einem vom BGH entschiedenen Fall (ZInsO 2005, 1163) handelte es sich um den geschäftsführenden Alleingesellschafter einer ebenfalls in die Insolvenz geratenen GmbH. Der BGH stufte das Verfahren über das Vermögen des Geschäftsführers als Regelinsolvenzverfahren ein, da es sich bei der Tätigkeit eines geschäftsführenden Alleingesellschafters um eine selbstständige wirtschaftliche Tätigkeit handele. Zwar sei dieser nicht im eigenen Namen tätig, so lange die GmbH noch operiere. Durch seine Gesellschafterstellung sei er jedoch wirtschaftlich an Erfolg und Misserfolg der Gesellschaft beteiligt. Gerade die Möglichkeiten einer persönlichen Haftung führe dazu, dass sich auch die Verbindlichkeitensituation des geschäftsführenden Alleingesellschafters derart verändern kann, dass nicht mehr von einem Verbraucher ausgegangen werden könne.

Eine selbständige wirtschaftliche Tätigkeit kann sowohl als Hauptberuf als auch als Nebentätigkeit ausgeübt werden.[109] Soweit es sich um eine Nebentätigkeit handelt, muss sie sich jedoch bereits zu einer eigenen Organisation verdichtet haben.[110]

Eine selbständige wirtschaftliche Tätigkeit liegt auch vor, soweit der Schuldner Mitgesellschafter einer Personengesellschaft oder Mehrheitsgesellschafter einer Kapitalgesellschaft ist.[111]

In dem mit Beschluss vom 12.02.2009 vom BGH entschiedenen Fall (ZInsO 2009, 682) wurde die Statthaftigkeit eines Regelinsolvenzverfahrens bei einem Schuldner angenommen, der mit einem Anteil von 96 % Mehrheitsgesellschafter sowie Geschäftsführer einer GmbH war, die ihrerseits die Komplementärin einer GmbH & Co. KG gewesen ist, an der der Schuldner selbst nicht beteiligt war. Der BGH schloss sich den Vorinstanzen an, die aufgrund der geschäftsführenden Tätigkeit sowie seiner Rolle als Mehrheitsgesellschafter der Komplementärin und den sich daraus ergebenden unüberschaubaren Vermögensverhältnissen i.S.d. § 304 Abs. 1 Satz 2 InsO auf ein Regelinsolvenzverfahren erkannt hatten.

---

107 BGH ZInsO 2005, 1163; Sternal in: Uhlenbruck, InsO, § 304, Rn. 10.

108 Büttner, a. a. O., 2203.

109 Ritter in: HambKomm-InsO, § 304, Rn. 5a; AG Hamburg ZInsO, 2004, 1375.

110 Smid, Handbuch Insolvenzrecht, § 47, Rn. 5; BGH ZIP 2011, 966.

111 BGH ZInsO 2009, 682, 683; BGH ZInsO 2005, 1163.

Dies gilt jedoch nicht, soweit der Schuldner Gesellschafter einer Personengesellschaft ist, die selbst keine wirtschaftliche Tätigkeit ausübt.[112]

Letztgenannte sind in der Regel nur Gesellschaften bürgerlichen Rechts. Die Abgrenzung einer Tätigkeit solcher Personengesellschaften als wirtschaftlich bzw. nicht wirtschaftlich im Sinne der §§ 304 ff. InsO kann anhand der Verwendung der Erträge der Gesellschaft vorgenommen werden.[113] Soweit die Erträge lediglich für die Unterhaltung der vorhandenen Güter genutzt werden, liegt keine wirtschaftliche Tätigkeit der Gesellschaft vor.[114] Soweit diese Erträge jedoch planmäßig investiert werden sollen, ist eine unternehmerische Betätigung am Markt gegeben und eine Eröffnung des Insolvenzverfahrens über das Vermögen eines Gesellschafters nach den §§ 304 ff. InsO ist nicht möglich.[115]

Die private Vermögensverwaltung stellt regelmäßig einen Problemfall bei der Abgrenzung dar. Soweit der Schuldner durch Geschäfte mit Immobilien bzw. Wertpapieren oder ähnliche Kapitalgeschäfte sein privates Vermögen verwaltet bzw. erhält oder erhöht, treten Abgrenzungsprobleme bzgl. des Vorliegens einer selbständigen wirtschaftlichen Tätigkeit auf. Grundsätzlich stellt die private Vermögensverwaltung keine selbständige wirtschaftliche Tätigkeit im Sinne des § 304 Abs. 1 S. 1 InsO dar.[116] Selbst die Finanzierung durch Fremdmittel für die private Vermögensverwaltung führt nicht zwangsläufig zum Vorliegen einer gewerblichen Tätigkeit.[117]

Das Landgericht Göttingen (ZInsO 2007, 166) entschied über einen Fall, in dem der Schuldner gemeinsam mit seiner von ihm getrennt lebenden Ehefrau hälftiger Eigentümer von drei Immobilien war. Es handelte sich um ein Zweifamilienhaus sowie zwei Eigentumswohnungen. Das Zweifamilienhaus wurde von der Familie des Schuldners bewohnt, während die Eigentumswohnungen sich in Vermietung befanden. Das Verfahren wurde als Regelinsolvenzverfahren eröffnet, wogegen sich der Schuldner mit seiner sofortigen Beschwerde wandte. Das Landgericht erklärte die Beschwerde gegen die Eröffnung in der falschen Verfahrensart für zulässig. Da das Amtsgericht entgegen dem Antrag des Schuldners auf Eröffnung eines Verbraucherinsolvenzverfahrens entschieden hatte, ohne diesen vorher anzuhören, verwies das Landgericht zudem wegen

---

112 BGH NJW 2002, 368; Ott/Vuia in: Münchener Kommentar zur Insolvenzordnung, Band 3, § 304, Rn. 77; a. A.: Sabel in: Graf-Schlicker, InsO, § 304, Rn. 9.

113 Büttner, a. a. O., 2205.

114 Pape/Sietz in: Mohrbutter/Ringstmeier, Kap. 16, Rn. 14.

115 Pape/Sietz, a. a. O.

116 LG Göttingen ZInsO 2007, 166, 167; Sternal in: Uhlenbruck, InsO, § 304, Rn. 11; Ott/Vuia, a. a. O, Rn. 58.

117 BGH NJW 2002, 368, 369; Büttner, a. a. O.

eines Verfahrensfehlers, der Verletzung des rechtlichen Gehör des Schuldners, an das Amtsgericht zurück. Letztlich wies das Landgericht darauf hin, dass der Schuldner nicht selbstständig tätig sei, da es sich bei der Vermietung von zwei Eigentumswohnungen nicht um eine selbstständige Tätigkeit im Sinne des § 304 InsO handele.

Der Bundesgerichtshof hatte einen Fall zu entscheiden (BGH NJW 2002, 368) in der natürliche Personen eine Gesellschaft bürgerlichen Rechts bildeten, die den Zweck des Erwerbs, des Umbaus unter der Verwaltung sowie möglicherweise der Verwertung eines Grundstückes verfolgte. Die GbR nahm ein Darlehen zur Finanzierung auf. Der Bundesgerichtshof hatte die Frage zu entscheiden, ob es sich um einen Kreditvertrag handelt, der unter das Verbraucherkreditgesetz fällt. Der Bundesgerichtshof kam wie die Vorinstanzen zu dem Ergebnis, dass es sich bei der Tätigkeit der GbR um eine nicht gewerbliche Verwaltung eigenen Vermögens handele, so dass eine gewerbliche Tätigkeit nicht vorliege.

Es wird vertreten, auf die Anzahl der Immobilien abzustellen.[118] Hiergegen wird als Abgrenzungskriterium wiederum die Verwendung der durch die Vermögensverwaltung erzielten Erträge in den Raum gestellt.[119]

Der Bundesgerichtshof geht davon aus, dass eine gewerbliche Tätigkeit dann vorliegt, wenn die private Vermögensverwaltung einen derart hohen Verwaltungsbetrieb erfordert, dass diese einem planmäßigen Geschäftsbetrieb erfordert, der sich zum Beispiel in der Unterhaltung eines Büros niederschlagen kann.[120] Bei der Frage, ob die private Vermögensverwaltung eine selbständige wirtschaftliche Tätigkeit darstellt, ist mithin auf ihren Umfang abzustellen.[121] Im Ergebnis dürfte daher eine private Vermögensverwaltung bei Überschreiten eines bestimmten Aufwands gegeben sein. Dieser geht bei Immobilienverwaltung regelmäßig mit dem Überschreiten einer bestimmten Objektzahl einher.

b) frühere selbstständige wirtschaftliche Tätigkeit

Soweit eine selbständige wirtschaftliche Tätigkeit nicht mehr vorliegt, jedoch zu einem früheren Zeitpunkt bestand, stellt sich nach § 304 Abs. 1 S. 2 InsO die Frage, ob die Vermögensverhältnisse des Schuldners überschaubar sind und gegen ihn keine Forderungen aus Arbeitsverhältnissen bestehen.

---

118 Kothe in: FK-InsO, § 304, Rn. 8.

119 Pape/Sietz, a. a. O.; AG Leipzig, a. a. O., 2245; a. A.: Ahrens in Gottwald, Insolvenzrechts-Handbuch, § 81, Rn. 20.

120 BGH NJW 2002, 368, 369.

121 BGH, Beschluss vom 24.07.2003, IX ZA 12/03; Henning in: Ahrens/Gerhlein/Ringstmeier, § 304, Rn. 37.

Gemäß § 304 Abs. 2 InsO sind die Vermögensverhältnisse des Schuldners überschaubar, wenn der Schuldner zum Zeitpunkt der Antragstellung weniger als 20 Gläubiger hat. Überdies können unüberschaubare Vermögensverhältnisse vorliegen, soweit komplexe Anfechtungssachverhalte in dem Insolvenzverfahren zu erwarten sind.[122] Dies hat seinen Ursprung darin, dass im Verfahren nach den §§ 304 ff. InsO, die vor dem 01.07.2014 eröffnet wurden, gemäß § 313 Abs. 2 S.1 InsO nicht der Treuhänder sondern jeder Insolvenzgläubiger zur Anfechtung berechtigt war. Bei komplexen Anfechtungssachverhalten ist daher von einem Regelinsolvenzverfahren auszugehen, da diese auch Anzeichen für eine insgesamt unüberschaubare Vermögenssituation sein können.[123]

Auch in Fällen, in denen eine komplizierte Vermögensstruktur sowie das Vorhandensein von Verpfändungen und Beteiligungen gegeben sind, kommt eine Eröffnung nach den §§ 304 ff. InsO in der Regel nicht in Betracht.[124] Insoweit ist die Annahme des § 304 Abs. 2 InsO nicht abschließend, sondern lediglich typisiert. Die Frage der Überschaubarkeit der Vermögenverhältnisse richtet sich vielmehr objektiv nach ihrer Struktur.[125] Sie sind jedoch nicht schon deshalb unüberschaubar, weil der Schuldner in seinen Geschäftsunterlagen keine Ordnung hält oder über derartige Unterlagen nicht mehr verfügt.[126]

Forderungen aus Arbeitsverhältnissen im Sinne des § 304 Abs. 1 S. 2 InsO können zum einen unmittelbar durch Forderungen ehemaliger Arbeitnehmer, zum anderen jedoch auch durch Forderungen aus Lohnnebenkosten, beispielsweise Lohnsteuer, Forderungen von Sozialversicherungsträgern und/oder der Berufsgenossenschaft gegeben sein.[127] Auch übergegangene Forderungen der Agentur für Arbeit aufgrund von Insolvenzgeldleistungen sind unter Forderungen aus Arbeitsverhältnissen im Sinne des § 304 Abs. 1 S. 2 InsO zu subsumieren.[128]

---

122 BGH ZInsO 2009, 682, 683.

123 Büttner, a. a. O., 2210; AG Leipzig, a. a. O., 2246.

124 Buck in: Braun InsO, § 304, Rn. 11.

125 LG Göttingen NZI 2002, 322.

126 BGH NZI 2003, 647.

127 BGH ZInsO 2005, 1163; Sabel in: Graf-Schlicker, § 304, Rn. 19.

128 BGH ZIP 2011, 578.

5.) Maßgeblicher Zeitpunkt des Vorliegens der Voraussetzungen nach § 304 InsO

Maßgeblicher Zeitpunkt für das Vorliegen der Voraussetzungen des § 304 InsO ist nach dessen Abs. 2 die Stellung des Antrags auf Eröffnung des Insolvenzverfahrens.[129]

II.) Ablauf des Antragsverfahrens bei streitiger Abgrenzung / Rechtsmittel

Erfolgt die Einordnung eines Antrags in eine der beiden dargestellten Verfahrensarten (Regel- oder Verbraucherinsolvenzverfahren) nicht im Sinne des Schuldners/Antragstellers, sind ggf. Rechtsmittel einzulegen. Die bewusste streitige Auseinandersetzung über die Einordnung und die Auswirkungen auf das Antragsverfahren sollen nachfolgend dargestellt werden.

1.) Eigenantrag

Soweit der spätere Insolvenzschuldner selbst einen Antrag auf Eröffnung des Insolvenzverfahrens über sein Vermögen gestellt hat, wird er im Rahmen der Antragstellung bereits die Verfahrenseröffnung im Wege des Regel- bzw. Verbraucherinsolvenzverfahrens gewählt haben. Soweit der Antrag nicht in einer bestimmten Verfahrensart gestellt wurde, enthält er möglicherweise Angaben, die Aufschluss über die durch das Insolvenzgericht zu bestimmende Verfahrensart geben.

a) unbeschränkter Antrag

Gemäß § 5 InsO ist das Insolvenzgericht verpflichtet, die Verfahrensart im Fall einer nicht auf eine bestimmte Verfahrensart beschränkten Antrags, von Amts wegen zu ermitteln. Dies erfolgt in der Regel anhand der Angaben im Antrag auf Eröffnung des Insolvenzverfahrens. Überdies können bei Unklarheiten weitere Nachfragen beim Schuldner erfolgen. Dies kann durch gerichtseigene Fragenkataloge geschehen, die Aufschluss über eine möglicherweise vorhandene selbständige wirtschaftliche Tätigkeit geben. Einige Insolvenzgerichte beauftragen in Zweifelsfällen auch Sachverständige mit der Prüfung der Frage, welche Verfahrensart einschlägig ist. Die Frage nach der einschlägigen Verfahrensart kann

---

129 LG Dessau NZI 2000, 605, 606; Schleswig-Holsteinisches OLG, ZInsO 2000, 156; Waltenberger in: Kreft InsO, § 304 aF, Rn. 6.

jedoch auch im Rahmen eines Gutachtenbeschlusses für den Sachverständigen neben den Fragen nach dem Vorliegen eines Insolvenzgrundes sowie einer die Verfahrenskosten deckenden Masse aufgegeben werden.

Nach Auskunft durch den Antragsteller bzw. den Sachverständigen eröffnet das Insolvenzgericht das Insolvenzverfahren sodann in der ermittelten Verfahrensart.

b) beschränkter Antrag

Soweit der Antragsteller den Antrag auf Eröffnung des Insolvenzverfahrens über sein Vermögen bereits beschränkt auf eine seiner Meinung nach einschlägige Verfahrensart gestellt hat, bleibt das Gericht nach § 5 Abs. 1 InsO weiterhin prüf- und ermittlungspflichtig. Ist das Gericht bei seinen Ermittlungen zu der Ansicht gelangt, dass das Verfahren nicht in der beantragten Verfahrensart zu eröffnen ist, besteht gem. § 4 InsO i. V. m. § 139 ZPO eine Hinweispflicht gegenüber dem Antragsteller.[130] Überdies ist der Antragsteller anzuhören, da der Grundsatz auf Gewährung von rechtlichem Gehör auch im Eröffnungsverfahren Anwendung findet.[131] Dies gilt bereits aufgrund der unterschiedlichen Folgen und Voraussetzungen der verschiedenen Verfahrensarten und der Tatsache, dass es sich bei der Entscheidung des Gerichts über den Eröffnungsantrag um eine förmliche Gerichtsentscheidung handelt.

Beabsichtigt das Gericht, den beschränkten Antrag abzuweisen, muss es dem Antragsteller daher zuvor die Möglichkeit der Umstellung auf die nach Meinung des Gerichts statthafte Verfahrensart gewähren.[132] Soweit der Antragsteller sich weigert, den Antrag umzustellen oder keine Reaktion auf die Aufforderung des Gerichts erfolgt, ist der beschränkte Antrag auf Eröffnung des Insolvenzverfahrens als unzulässig abzuweisen.[133] Eine Überleitung ist aufgrund der Regelung des § 4 InsO i. V. m. § 308 ZPO nicht möglich, soweit kein Hilfsantrag gestellt wurde.[134] Auch nach Eröffnung des Verfahrens ist eine Überleitung in die jeweils andere Verfahrensart nicht möglich.[135] Dies gilt selbst dann, wenn der Eröffnungsbeschluss

130 Vallender in: Kölner Schrift zur InsO, Kap. 5, Rn. 115.

131 Vallender a. a. O.

132 LG Göttingen NZI 2001, 218, 219; LG Mannheim NZI 2000, 490, 491.

133 BGH ZInsO 2008, 1324, 1325 m. w. N.

134 Büttner, a. a. O., 2211; LG Göttingen ZInsO 2007, 166, 167; AG Leipzig ZInsO 2011, 2241, 2247; a. A.: Bork ZIP 1999, 301, 304; Römermann in: Nerlich/Römermann, InsO, § 304, Rn. 26.

135 BGH, Beschluss v. 24.04.2013, Az.: IX ZB 179/10, Rn. 12.

noch nicht rechtskräftig ist, der Schuldner jedoch vor Eröffnung auf die notwendige Umstellung bzw. die Stellung eines Eigenantrags hingewiesen wurde:

> Ein Gläubiger stellte in einem später vom BGH entschiedenen Fall (BGH NZI 2015, 79) einen Fremdantrag auf Eröffnung des Insolvenzverfahrens über das Vermögen des Insolvenzschuldners. Das zuständige Insolvenzgericht übersandte dem Schuldner den Antrag, setzte ihm eine Frist zur Stellungnahme und wies auf die Möglichkeit einer Restschuldbefreiung bei Stellung eines Eigenantrages, verbunden mit dem Antrag auf Erteilung der Restschuldbefreiung hin. Der Schuldner beantragte die Zurückweisung des Eröffnungsantrages und stellte keinen eigenen Eröffnungs- oder Restschuldbefreiungsantrag. Das Insolvenzgericht eröffnete das Insolvenzverfahren nach Einholung eines Gutachtens. Gegen den Eröffnungsbeschluss legte der Schuldner sofortige Beschwerde ein und stellte einen eigenen Antrag auf Eröffnung des Insolvenzverfahrens über sein Vermögen, verbunden mit dem Antrag auf Restschuldbefreiung. Das Insolvenzgericht wies beide Anträge des Schuldners als unzulässig zurück, da das Insolvenzverfahren bereits eröffnet war. Der Bundesgerichtshof wies die Rechtsbeschwerde des Schuldners zurück, da bereits ein Gläubigerantrag zur Eröffnung geführt hatte, wodurch sein Eigenantrag unzulässig geworden sei. Der Restschuldbefreiungsantrag des Schuldners sei ebenfalls unzulässig, da kein eigener Antrag auf Eröffnung des Verfahrens gem. § 287 Abs. 1 InsO vorliege.

Gegen die Abweisung des Antrags auf Eröffnung des Insolvenzverfahrens als unzulässig steht dem Antragsteller das Rechtsmittel der sofortigen Beschwerde zu.[136] Dies gilt aufgrund des Verweises in § 304 Abs. 1 Satz 1 InsO auch im Verbraucherinsolvenzverfahren.[137] Auch gegen die Überleitung in eine andere als die beantragte Verfahrensart ist dem Schuldner dieses Rechtsmittel gegeben.[138] Bei Vorliegen ausschließlich eines Eigenantrags des Schuldners ist die Beschwerde eines beteiligten Gläubigers gegen die Eröffnung in einer bestimmten Verfahrensart unstatthaft, da dieser nicht Beteiligter im Sinne des § 34 Abs. 1 InsO ist.[139]

Die sofortige Beschwerde nach § 6 InsO i. V. m. §§ 567 ff. ZPO ist gemäß § 34 Abs. 1 InsO auch statthaft.

Eine Beschwer ist aufgrund der Abweisungsentscheidung gegeben.[140] Dies gilt für den Schuldner unabhängig von der Frage, ob ein Schuldner- oder ein

---

136 Smid/Leonhardt in: Leonhardt/Smid/Zeuner, InsO, § 34, Rn. 9.
137 BGH ZInsO 2009, 2262.
138 BGH, Beschluss v. 24.04.2013, Az.: IX ZB 179/10, Rn. 12.
139 BGH, a.a.O, Rn. 15.
140 Kirchhof in: Kreft InsO, § 34, Rn. 3, Rn. 18.

Gläubigerantrag vorliegt.[141] Durch eine vor Abweisung erfolgte Anhörung kann lediglich der Grundsatz der Gewährung rechtlichen Gehörs gewahrt, der Beschwer jedoch nicht abgeholfen werden. Die Beschwer kann jedoch nicht darin gesehen werden, dass das Gericht das Verfahren nicht in der nach Meinung des Schuldners statthaften Verfahrensart eröffnet hat.[142]

Die sofortige Beschwerde ist begründet, soweit die Voraussetzungen der beantragten Verfahrensart in tatsächlicher Hinsicht vorliegen.

Vor Inkrafttreten des Gesetzes zur Änderung des § 522 der Zivilprozessordnung vom 21.10.2011 (BGBl. I 2011, S. 2082) war bis zum 27.10.2011 gegen die Entscheidung über die sofortige Beschwerde als weitergehender Rechtsbehelf die Rechtsbeschwerde nach § 7 InsO gegeben. Nunmehr findet die Rechtsbeschwerde gem. § 4 InsO i. V. m. § 574 ZPO Anwendung. Hiernach ist die Rechtsbeschwerde grundsätzlich nur noch zulässig, wenn sie vom Beschwerdegericht nach § 574 Abs. 1 S. 1 Nr. 2 ZPO zugelassen wird. Grund der Streichung des § 7 InsO als zulassungsfreie Rechtsbeschwerde war die Schaffung einer Entlastung des Bundesgerichtshofes als Kompensation für die zu erwartende Mehrbelastung des BGH im Rahmen der Änderung des § 522 ZPO.[143]

2.) Fremdantrag

a) unbeschränkter Antrag

Soweit ein Gläubiger den Antrag auf Eröffnung des Insolvenzverfahrens über das Vermögen des Antragsgegners stellt, wird dieser Antrag im Regelfall nicht auf eine bestimmte Verfahrensart beschränkt sein. Das Insolvenzgericht hat den Antragsgegner bei unklaren Anträgen daher grundsätzlich im Wege der Amtsermittlungspflicht nach § 5 Abs. 1 InsO anzuhören und zu ermitteln, ob es sich bei der beantragten Verfahrenseröffnung um eine Eröffnung im Wege des Regelinsolvenzverfahrens oder im Wege eines Verbraucherinsolvenzverfahrens bzw. sonstigen Kleinverfahrens handelt.[144] Diese Ermittlung wird bereits vor Einsetzung eines Sachverständigen erfolgen, um abschätzen zu können, ob es sich um ein Verbraucherinsolvenzverfahren handelt, so dass eine Begutachtung aufgrund der zu erwartenden Massesituation ggf. nicht notwendig bzw. angebracht ist. Bereits im Rahmen dieser Ermittlung wird der Antragsgegner anzuhören

141 Waltenberger in: Kreft InsO, § 304 aF, Rn. 20; OLG Köln NZI 2001, 216.

142 BGH ZInsO 2008, 1324, 1325.

143 BT-Drucks. 17/5334, S. 9.

144 Buck in: Braun InsO, § 304, Rn. 18; Beth, NZI 2014, 487, 490.

sein, so dass das Insolvenzgericht dem Grundsatz der Gewährung von rechtlichem Gehör hierdurch nachkommt.

Sofern das Regelinsolvenzverfahren die statthafte Verfahrensart ist, wird der durch das Insolvenzgericht einzusetzende Sachverständige im Zuge des Insolvenzantragsverfahrens dem Antragsgegner die Möglichkeit eines Eigenantrages – ggf. verbunden mit der Stellung des Antrages auf Erteilung der Restschuldbefreiung sowie der Stundung der Verfahrenskosten – aufzeigen.

Wenn es sich um ein Verfahren nach den §§ 304 ff. InsO handelt, sieht § 306 Abs. 3 S. 1 InsO vor, dass das Insolvenzgericht dem Antragsgegner die Möglichkeit einzuräumen hat, selbst einen Antrag auf Eröffnung des Insolvenzverfahrens über sein Vermögen nach den §§ 304 ff. InsO zu stellen.

Wenn das Insolvenzgericht das Insolvenzverfahren über das Vermögen des Antragsgegners aufgrund des Gläubigerantrags in der vom Insolvenzgericht als statthaft ermittelten Verfahrensart eröffnet, steht dem Schuldner gem. § 34 Abs. 2 InsO die sofortige Beschwerde zu. Ein Beschwerderecht des den Antrag stellenden Gläubigers gegen die Entscheidung des Gerichts über die Eröffnung des Verfahrens ist nach § 34 Abs. 2 InsO nicht gegeben.

b) beschränkter Antrag

Sofern ein Gläubiger den Antrag auf Eröffnung des Insolvenzverfahrens über das Vermögen des Antragsgegners auf eine bestimmte Verfahrensart beschränkt, bleibt die Ermittlungspflicht des Insolvenzgerichts nach § 5 Abs. 1 InsO ebenfalls bestehen. Auch die Pflicht auf Gewährung rechtlichen Gehörs, mithin die Pflicht zur Anhörung des Antragsgegners, bleibt bestehen.[145]

Soweit es sich bei dem Antrag um ein auf das Verfahren nach §§ 304 ff. InsO beschränkten Antrag handelt, hat das Gericht nach § 306 Abs. 3 S. 1 InsO dem Antragsgegner die Möglichkeit zu geben, selbst einen Antrag auf Eröffnung des Insolvenzverfahrens zu stellen.

Kommt das Insolvenzgericht im Wege der Ermittlungspflicht – ggf. unter Einbeziehung eines Sachverständigen – zu dem Ergebnis, dass der auf eine bestimmte Verfahrensart beschränkte Antrag nicht die statthafte Verfahrensart betrifft, kommt aufgrund der bereits dargestellten Regelungen des § 4 InsO i. V. m. § 308 ZPO nicht die Überleitung in die statthafte Verfahrensart in Betracht.

145 Vallender in: Kölner Schrift zur InsO, Kap. 5, Rn. 117.

Vielmehr kann das Insolvenzgericht dem Antragsteller die Möglichkeit zur Umstellung geben. Soweit diese Umstellung nicht erfolgt und im Übrigen auch kein Hilfsantrag vorliegt, ist der Antrag auf Eröffnung des Insolvenzverfahrens in einer bestimmten Verfahrensart als unzulässig abzulehnen. Hiergegen steht auch dem Gläubiger als dem Antragsteller nach § 34 Abs. 1 InsO die sofortige Beschwerde zu.

Soweit das Insolvenzverfahren in der vom Gläubiger gewählten Verfahrensart eröffnet wird, steht nach § 34 Abs. 2 InsO lediglich dem Schuldner die sofortige Beschwerde nach § 6 InsO zu.

3.) Verfahren nach Ablauf der Rechtsmittelfrist

Ist die Frist zur Einlegung eines Rechtsmittels gegen den Eröffnungsbeschluss abgelaufen, kann gegen die Eröffnung des Insolvenzverfahrens in der falschen Verfahrensart nicht mehr vorgegangen werden.[146] Die Fehleinschätzung bei der Eröffnung des Insolvenzverfahrens führt insoweit nicht zur Nichtigkeit des Eröffnungsbeschlusses.[147] Da die Eröffnung des Verfahrens als Hoheitsakt nur im dafür vorgesehenen Verfahren beseitigt werden kann, bleibt die Eröffnung nach Ablauf der Rechtsmittelfrist uneingeschränkt wirksam.[148]

Der Bundesgerichtshof entschied im Jahr 2008 einen Fall (BGH NZI 2008, 382) in dem die Schuldnerin nach Eröffnung eines Verbraucherinsolvenzverfahrens verstarb. Das Insolvenzgericht hatte das Verfahren in ein Nachlassinsolvenzverfahren übergeleitet. Der Insolvenzverwalter beantragte den für ein Regelinsolvenzverfahren anfallenden Vergütungssatz. Dem kam das Insolvenzgericht nicht nach und setzte die Vergütung entsprechend den Maßstäben eines Treuhänders im Verbraucherinsolvenzverfahren geringer fest. Der BGH führte aus, dass das Verbraucherinsolvenzverfahren durch den Tod der Schuldnerin nahtlos und ohne Unterbrechung in ein Nachlassinsolvenzverfahren übergegangen sei. Der Treuhänder sei jedoch mangels Bestellung zum Insolvenzverwalter nicht ohne weiteres zum Bezug der Vergütung eines Insolvenzverwalters berechtigt, sondern könne allenfalls einen Vergütungszuschlag geltend machen. Zwar handele es sich bei dem nach dem Tod der Schuldnerin fortzuführenden Verfahren um ein Nachlassinsolvenzverfahren, das nicht mehr den in einem Alternativverhältnis zur Regel- und Nachlassinsolvenz stehenden Regelungen des Verbraucherinsolvenzverfahrens unterliege. Jedoch werde der Treuhänder durch die Überleitung nicht automatisch zum Nachlassinsolvenzverwalter.

---

146 BGH NZI 2008, 382, 384; BGHZ 113, 216, 218; LG Hannover, Beschluss v. 07.04.2010, Az.: 20 T 19/10.

147 LG Hannover, a. a. O.

148 BGH NZI 2008, 382, 384.

Die Ernennung eines Treuhänders im Eröffnungsbeschluss wurde vielmehr durch die Rechtskraft des Beschlusses bindend. Solange der Beschluss nicht durch das Insolvenzgericht beseitigt wird, bleibe dieser wirksam, was sich auch auf die Vergütung auswirke. Dies gilt laut BGH selbst, sofern das Verbraucherinsolvenzverfahren tatsächlich als Regelinsolvenzverfahren hätte eröffnet und geführt werden müssen. Im entschiedenen Fall sei es dem Insolvenzgericht jedoch trotz Rechtskraft des Beschlusses möglich, den Treuhänder nachträglich zum Nachlassinsolvenzverwalter zu bestellen, da die nach Verfahrenseröffnung durch den Tod der Schuldnerin eingetretenen Tatsachen nicht durch die Rechtskraft des Eröffnungsbeschlusses präkludiert gewesen seien.

Das Landgericht Hannover hat in seiner Entscheidung vom 07.04.2010 (20 T 19/10) über die Beschwerde eines Insolvenzschuldners zu entscheiden gehabt, der sich gegen die vom Insolvenzgericht gewählte Verfahrensart richtete. Das Landgericht begründete die Abweisung damit, dass soweit bereits ein Insolvenzverfahren eröffnet sei, keine weiteren Anträge über das insolvenzbefangene Vermögen zulässig wären. Dies gelte auch für Anträge von Gläubigern, wenn das Verfahren auf Antrag des Schuldners eröffnet worden sei. Auch soweit das Insolvenzverfahren tatsächlich in der falschen Verfahrensart eröffnet worden sein sollte, führe dies nicht zur Nichtigkeit des Eröffnungsbeschlusses.

III.) Folgen von Fehleinschätzungen bei der Verfahrenseröffnung

1.) Eröffnung eines Verbraucherinsolvenzverfahrens bzw. Regelinsolvenzverfahrens über das Vermögen einer nicht unter die Eröffnungsvoraussetzungen der gewählten Verfahrensart fallenden Person

a) insolvenzrechtliche Folgen der Durchführung des Verfahrens unter falschen Voraussetzungen

Im Falle der Eröffnung eines Insolvenzverfahrens über das Vermögen einer Person, die objektiv unter die Voraussetzungen der jeweils anderen Verfahrensart (Regelinsolvenzverfahren bzw. Verbraucherinsolvenzverfahren) fällt, treten eine Reihe von insolvenzverfahrensrechtlichen Folgen unmittelbar durch die Auswahl der Verfahrensart und die entsprechende Eröffnung ein. Zur Vermeidung von Wiederholungen sollen die möglichen Fehleinschätzungen in beide Richtungen in einem Abschnitt abgehandelt werden. Dies erfolgt im Folgenden anhand der Darstellung der im Verfahren nach den §§ 304 ff. InsO geregelten Vereinfachungen. Da das Verbraucherinsolvenzverfahren bzw. sonstige Kleinverfahren aufgrund der weniger komplexen Vermögensverhältnisse des Schuldners vereinfacht abgewickelt werden soll, kann anhand dieser Vereinfachungen der Unterschied der nach erfolgter Fehleinschätzung geänderten Verfahrensabläufe in seinen wesentlichen Folgen dargestellt werden. Hierbei werden zunächst die für bis zum 30.06.2014 beantragten Verfahren geltenden Unterschiede nach vormaliger Rechtslage dargestellt. Sodann erfolgt ein Überblick über die nach Inkrafttreten des Gesetzes zur Verkürzung des Restschuldbefreiungsverfahrens und zur Stärkung der Gläubigerrechte verbleibenden Folgen für Verfahren, deren Antrag ab dem 01.07.2014 gestellt wurde oder noch gestellt wird.

aa) insolvenzrechtliche Folgen für Verfahren, deren Antrag vor dem 01.07.2014 erfolgte

Nach § 312 Abs. 1 S. 2 InsO a.F. wird bei Eröffnung des sog. IK-Verfahrens, dessen Antrag vor dem 01.07.2014 gestellt wurde, abweichend von § 29 InsO nur ein Prüfungstermin – nicht jedoch ein Berichtstermin – bestimmt. Ein Berichtstermin im Sinne des § 29 Abs. 1 Nr. 1 InsO wurde in dieser Verfahrensart nicht durchgeführt. Im Falle der Eröffnung eines Verbraucherinsolvenzverfahrens über das Vermögen einer unter das Regelinsolvenzverfahren fallenden Person entfiel daher der nach § 156 InsO geregelte Berichtstermin. Hierdurch wurde ein Bericht des Insolvenzverwalters über die wirtschaftliche Lage des Schuldners sowie deren Ursache und die Ausführung zu den Befriedigungsaussichten der Gläubiger nicht abgegeben. In diesem Fall haben die Gläubiger geringere Kenntnisnahmemöglichkeiten über den Ablauf des Verfahrens. Im Verbraucherinsolvenzverfahren wird diese geringere Information mit dem vorangegangenen Schuldenbereinigungsverfahren und den darüber erlangten Informationsmöglichkeiten begründet.[149]

Dies wird bei Verfahren, deren Antrag vor dem 01.07.2014 gestellt wurde, flankiert von nach § 312 Abs. 1 S. 1 InsO a. F. lediglich auszugsweise erfolgenden Bekanntmachungen.

Die Möglichkeit der Abwahl des Insolvenzverwalters nach § 57 S. 1 InsO ist hierdurch jedoch nicht ausgeschlossen, da diese Regelung lediglich von einer Gläubigerversammlung, nicht jedoch von der Durchführung eines Berichtstermins ausgeht. Eine Gläubigerversammlung kann ggf. nach Aufhebung des schriftlichen Verfahrens durchgeführt werden.[150]

---

149 Ott/Vuia in: Münchener Kommentar zur Insolvenzordnung, Band 3, § 312, Rn 4.
150 Ott/Vuia, a. a. O., Rn. 10.

Nach § 312 Abs. 1 S. 3 InsO a. F. beträgt die Frist des § 88 InsO bei einem vor dem 01.07.2014 beantragtem Verbraucherinsolvenzverfahren auf Antrag des Schuldners drei Monate anstatt der im Regelinsolvenzverfahren geltenden Frist von einem Monat. Nach § 88 InsO wird eine Sicherung, die ein Insolvenzgläubiger im letzten Monat vor dem Antrag auf Eröffnung des Insolvenzverfahrens oder nach diesem Antrag durch Zwangsvollstreckung erlangt hat, mit Eröffnung des Verfahrens unwirksam. Durch die Fehleinschätzung bei der Verfahrenseröffnung über das Vermögen einer Person, die objektiv unter die Voraussetzung des Regelinsolvenzverfahrens fällt, werden mithin Zwangsvollstreckungsmaßnahmen ipso iure unwirksam, die nach dem Willen des Gesetzgebers nicht unwirksam werden sollten.

Da derartige Zwangsvollstreckungsmaßnahmen auch im Regelinsolvenzverfahren im Drei-Monats-Zeitraum nach § 131 Abs. 1 Nr. 2 InsO anfechtbar sind, soweit der Schuldner zu diesem Zeitpunkt bereits zahlungsunfähig war, wirkt sich diese Folge der Fehleinschätzung lediglich aus, soweit die Zahlungsunfähigkeit im Drei-Monats-Zeitraum noch nicht gegeben war.

Nach § 312 Abs. 2 InsO a. F. sind im Verbraucherinsolvenzverfahren zudem die Vorschriften über den Insolvenzplan (§§ 217 bis 269 InsO) sowie über die Eigenverwaltung (§§ 270 bis 285 InsO) nicht anwendbar.

Nach § 313 Abs. 1 S. 1 InsO a. F. werden die Aufgaben des Insolvenzverwalters im Verbraucherinsolvenzverfahren bzw. vereinfachten Verfahren mit Antrag vor dem 01.07.2014 von einem Treuhänder im Sinne des § 292 InsO wahrgenommen. Da der Treuhänder eine Vergütung nach § 13 InsVV a. F. erhält, wirkt sich die Fehleinschätzung bei der Eröffnung des Insolvenzverfahrens in der falschen Verfahrensart unmittelbar auf die Insolvenzmasse aus. Der Treuhänder erhält nach § 13 InsVV a. F. in der Regel 15 % der Insolvenzmasse, während der Insolvenzverwalter nach § 2 Abs. 1 InsVV bereits 40 % der ersten EUR 25.000,00 der Insolvenzmasse als Vergütung erhält. Durch die geringere Treuhändervergütung soll der Tatsache Rechnung getragen werden, dass im Verbraucherinsolvenzverfahren in der Regel eine weniger aufwendige Tätigkeit vom Treuhänder ausgeübt wird, als dies im Regelinsolvenzverfahren durch den Insolvenzverwalter der Fall ist.[151] Wurde also das Regelinsolvenzverfahren über das Vermögen einer unter das Verfahren nach §§ 304 ff. InsO a. F. fallenden Person eröffnet, war die Insolvenzmasse zum Nachteil der Gläubiger geringer, da ein höherer Anteil auf den Insolvenzverwalter entfällt. Im Falle der Verfahrenskostenstundung wirkte sich

151 Stephan in: Münchener Kommentar zur Insolvenzordnung, Band 1, § 13 InsVV, Rn. 1.

die Fehleinschätzung zu Lasten des Schuldners aus, da dieser höheren Verfahrenskosten zu zahlen hat. Soweit das Verbraucherinsolvenzverfahren über das Vermögen einer unter das Regelinsolvenzverfahren fallenden Person eröffnet wurde, wirkte sich diese Fehleinschätzung zu Gunsten der Gläubiger bzw. des Schuldners und lediglich zu Lasten des Treuhänders aus, da der Treuhänder objektiv die Vermögensverhältnisse zu ordnen hat, die einem Regelinsolvenzverfahren zugeordnet sind und nach dem Willen des Gesetzgebers nach § 2 InsVV vergütet werden sollten. Durch die nach §§ 312 ff. InsO a. F. beschränkten Befugnisse des Treuhänders ist der tatsächliche Aufwand jedoch nicht immer vollständig mit dem eines Insolvenzverwalters gleichzustellen.

Gemäß § 313 Abs. 2 S. 1 InsO a. F. ist der Treuhänder im vereinfachten Insolvenzverfahren mit Antrag vor dem 01.07.2014 nicht zur Anfechtung berechtigt. Dieses Recht obliegt vielmehr jedem Insolvenzgläubiger, wobei sich die Rechtsfolgen der jeweils einschlägigen Anfechtungsansprüche durch die Übertragung der Befugnis nicht ändern.[152] Die Erlöse aus einer erfolgten Anfechtung durch den Gläubiger sind auch in dieser Verfahrensart zur Insolvenzmasse zu gewähren. Aus dem Anfechtungserlös sind dem anfechtenden Gläubiger nach § 313 Abs. 2 S. 2 InsO a. F. die ihm entstandenen Kosten vorweg zu erstatten. § 313 Abs. 2 S. 3 InsO a. F. erlaubt der Gläubigerversammlung jedoch, entweder den Treuhänder oder einzelne Gläubiger mit der Anfechtung zu beauftragen. Nach § 313 Abs. 2 S. 4 InsO a. F. sind bei dieser Beauftragung ebenfalls die entstandenen Kosten aus der Insolvenzmasse bzw. aus dem Erlangten zu erstatten.

Durch die fehlende originäre Befugnis des Treuhänders, die Anfechtung selbständig vorzunehmen, können im Falle der Fehleinschätzung bei der Eröffnung, wesentliche Anfechtungsansprüche in Verfahren mit Antrag vor dem 01.07.2014 ggf. erst nach erfolgter Information der Gläubigerversammlung durch den Treuhänder und entsprechender Beauftragung durch die Gläubigerversammlung geltend gemacht werden. Während bei der Eröffnung eines Regelinsolvenzverfahrens der Insolvenzverwalter – dem die Geschäftsunterlagen vorliegen aus denen sich in der Regel die Anfechtungsansprüche erschließen lassen – unmittelbar zur Anfechtung berechtigt ist und die hierdurch erfolgende Erhöhung der Masse in der Vergütung in Ansatz gebracht wird, ist dies beim Treuhänder nach § 13 InsVV nicht der Fall. Der Treuhänder wird aufgrund der fehlenden Befugnis nicht nach Anfechtungstatbeständen in dem gleichen Maße suchen, in welchem dies bei der Eröffnung eines Regelinsolvenzverfahrens der Fall wäre. Die

152 Allgayer, Rechtsfolgen und Wirkungen der Gläubigeranfechtung, Rn. 505.

eigenständige Geltendmachung von Anfechtungsansprüchen durch einzelne Gläubiger bzw. die Beauftragung der Gläubigerversammlung dürfte in der Praxis lediglich in Betracht kommen, soweit offensichtliche Anfechtungstatbestände bekannt sind oder der Treuhänder auf solche hinweist. Durch die objektive Fehleinschätzung bei der Verfahrenseröffnung und die Eröffnung eines Verfahrens nach den §§ 304 ff. InsO a. F. kann der Gläubigergemeinschaft daher sowohl die gründliche Prüfung der Anfechtungsansprüche durch einen Insolvenzverwalter sowie die durch Vergütung motivierte Geltendmachung und ggf. gerichtliche Durchsetzung entgehen. Hierdurch entsteht der Gläubigergemeinschaft ggf. ein erheblicher Vermögensnachteil. Im umgekehrten Fall erhält der Insolvenzverwalter in einem objektiv unter die Voraussetzungen der §§ 304 ff. InsO fallenden Verfahren aufgrund erfolgter Fehleinschätzung die Befugnis zur Anfechtung, die dem eigentlich angedachten Treuhänder nicht ohne weiteres zustünde.

Nach § 313 Abs. 3 S. 1 InsO a. F. ist der Treuhänder im vereinfachten Verfahren mit Antrag vor dem 01.07.2014 zudem nicht zur Verwertung von Gegenständen berechtigt, an denen Pfandrechte oder andere Absonderungsrechte bestehen. Diese Verwertung kann nach § 313 Abs. 3 S. 2 InsO a. F. i. V. m. § 173 Abs. 2 InsO jedoch nach Fristsetzung durch den Treuhänder erfolgen. Die Regelung des § 313 Abs. 3 S. 1 InsO a. F. weicht von der Regelung des § 166 InsO im Regelinsolvenzverfahren ab, wonach der Verwalter grundsätzlich das Recht hat, die in seinem Besitz befindlichen Gegenstände an denen Absonderungsrechte bestehen, freihändig zu verwerten. Im Rahmen dieser freihändigen Verwertung entstehen nach §§ 170, 171 InsO Massekostenbeiträge für die Feststellung und Verwertung. Diese können nach § 171 InsO pauschal mit insgesamt 9% angesetzt werden. Die fehlende Befugnis des Treuhänders im vereinfachten Insolvenzverfahren soll der Tatsache Rechnung tragen, dass in diesem Verfahren in der Regel lediglich geringwertige Vermögensgegenstände vorhanden sind und die vereinfachte Abwicklung dem Treuhänder die Verwertungsobliegenheit abnehmen soll.[153] Hierdurch entgehen der Insolvenzmasse und somit der Gläubigergemeinschaft bei der fälschlichen Eröffnung nach den §§ 304 ff. InsO a. F. die pauschalen Massekostenbeiträge nach den §§ 170, 171 InsO, so dass Vermögensnachteile zu Lasten der Insolvenzmasse und der Gläubigergemeinschaft entstehen können. Im Falle der Eröffnung des Regelinsolvenzverfahrens über

153 Wenzel in: Kübler/Prütting/Bork, InsO Kommentar zur Insolvenzordnung, 58. EL, § 313, Rn. 9.

das Vermögen einer objektiv unter das Verfahren nach §§ 304 ff. InsO fallenden Person ist im Umkehrschluss dem Gläubiger, dem das Pfandrecht an einem im Besitz des Insolvenzverwalters befindlichen Gegenstand zusteht, aufgrund des Verwertungsrechtes des Insolvenzverwalters und der hiermit verbundenen Massekostenbeiträge, ein entsprechender Nachteil entstanden.

§ 314 Abs. 1 S. 1 InsO a. F. erlaubt bei Verfahren aus der Zeit vor dem 01.07.2014 auf Antrag des Treuhänders durch das Insolvenzgericht anzuordnen, dass von einer Verwertung der Insolvenzmasse ganz oder teilweise abgesehen wird, sofern der Schuldner an den Treuhänder einen Betrag zahlt, der dem Wert der Masse entspricht die an die Gläubiger zu verteilen ist. Durch diese Regelung kann dem Treuhänder eine wesentliche Obliegenheit des Regelinsolvenzverwalters abgenommen werden, was es wiederum der schnelleren und vereinfachten Abwicklung von IK-Verfahren dient. Da pfändbare Vermögensgegenstände bei den unter §§ 304 ff. InsO fallenden Personen in der Regel kaum vorhanden sind, soll der an die Gläubiger zu zahlende Betrag unmittelbar durch den Insolvenzschuldner gezahlt werden können. Die Regelung dient zudem der Vermeidung von Eingriffen in eine Vielzahl geringwertiger Gegenstände des Schuldners die auch aus dem unpfändbaren Einkommen bar bezahlt werden können.[154]

Die vereinfachte Verteilung im Sinne des § 314 Abs. 1 InsO kann nach § 314 Abs. 1 S. 3 InsO a. F. entfallen, wenn die Verwertung der Insolvenzmasse insbesondere im Interesse der Gläubiger geboten erscheint.

Um den Interessen der Gläubiger Rechnung zu tragen, ist vor der Anordnung einer vereinfachten Verteilung gem. § 314 Abs. 2 InsO a. F. eine Anhörung der Insolvenzgläubiger vorgeschrieben. Im Falle der erfolgten Fehleinschätzung bei der Verfahrenseröffnung sind die Rechte der Gläubiger daher gewahrt.

Der objektiv unter das Verfahren nach den §§ 304 ff. InsO fallende Schuldner erhält bei der Eröffnung eines Regelinsolvenzverfahrens jedoch nicht die Möglichkeit, eine Verwertung durch Zahlung zu vermeiden.

bb) insolvenzrechtliche Folgen für Verfahren, deren Antrag ab dem 01.07.2014 erfolgte

Durch die ersatzlose Streichung der §§ 311 – 314 InsO im Zuge des Gesetzes zur Verkürzung des Restschuldbefreiungsverfahrens und zur Stärkung der Gläubigerrechte unterscheidet sich das Verbraucherinsolvenzverfahren nach seiner

154 BT-Drucks. 12/7302, S. 194.

Eröffnung im materiellen Recht der Regelungen der Insolvenzordnung kaum mehr vom Regelinsolvenzverfahren.

Eine wesentliche Unterscheidung zwischen Regelinsolvenzverfahren und Verbraucherinsolvenzverfahren nach dem 01.07.2014 ist jedoch, dass im Verbraucherinsolvenzverfahren nach den §§ 304 ff. eine Eigenverwaltung gem. § 270 Abs. 1 Satz 3 InsO nicht möglich ist. Der die Eigenverwaltung beantragende Schuldner, der durch eine Fehleinschätzung des Insolvenzgerichts dem Verbraucherinsolvenzverfahren zugeordnet wird, hat dann nicht die Möglichkeit der eigenen Verwaltung der Masse unter Aufsicht eines Sachwalters. Da die Eigenverwaltung nach § 270 InsO durch den Schuldner jedoch ausdrücklich beantragt werden muss, impliziert der Antrag auf Durchführung des Insolvenzverfahrens in Eigenverwaltung auch die Durchführung eines Regelinsolvenzverfahrens. Der Antrag des Schuldners ist auf diese Verfahrensart beschränkt. Da die Eigenverwaltung nach § 270 Abs. 1 Satz 1 InsO mit Eröffnung des Insolvenzverfahrens angeordnet werden muss, ist jedoch kein Fall denkbar in dem eine unbewusste Fehleinschätzung über die Eröffnungsvoraussetzungen erfolgen könnte. Das Insolvenzgericht hätte den durch den Antrag auf Eigenverwaltung auf Regelinsolvenz beschränkten Antrag als unzulässig zurückzuweisen, wenn es zu dem Schluss kommt, dass ein Verbraucherinsolvenzverfahren die statthafte Verfahrensart ist.

Der unter die §§ 304 ff. InsO fallende Schuldner hat im Rahmen der Antragstellung nach § 305 Abs. 1 Nr. InsO zudem auch nach dem 01.07.2014 weiter den erfolglosen Versuch einer außergerichtlichen Schuldenbereinigung nachzuweisen. Auch ist nach den §§ 306 – 311 InsO weiterhin die Möglichkeit einer vorgeschalteten gerichtlichen Schuldenbereinigung vorgesehen. Soweit diese jedoch nicht erfolgt und das Insolvenzverfahren nach den §§ 304 ff. InsO eröffnet wird, ergeben sich für dessen Durchführung aus der Insolvenzordnung selbst keine Abweichungen mehr zum Regelinsolvenzverfahren.

Nach dem 01.07.2014 unterscheiden sich die Verfahrensarten Regelinsolvenz und Verbraucherinsolvenz aufgrund des § 13 InsVV noch insoweit, als die Mindestvergütung des Insolvenzverwalters sich nach § 2 Abs. 2 Satz 1 InsVV von 1.000,00 € auf 800,00 € ermäßigt, wenn im Verbraucherinsolvenzverfahren die Unterlagen nach § 305 Abs. 1 Nr. 3 InsO, mithin das Vermögensverzeichnis und die Vermögensübersicht sowie das Gläubigerverzeichnis, von einer geeigneten Person oder Stelle erstellt wurden. Soweit eine objektiv unter das Regelinsolvenzverfahren fallende natürliche Person mithin nach Fehleinschätzung durch das Insolvenzgericht dem Verbraucherinsolvenzverfahren zugeordnet und ein solches eröffnet wird kann es bei entsprechender Vorbereitung des Insolvenzantrags durch eine geeignete Stelle dazu kommen, dass die Insolvenzmasse und der Schuldner mit geringeren Kosten für die Regelvergütung des Insolvenzverwalters belastet werden. Diese geringeren Kosten wären im eigentlich statthaften Regelinsolvenzverfahren auch bei Vorbereitung des Antrags durch eine geeignete Stelle nicht vorgesehen.

Soweit über das Vermögen einer objektiv dem Verbraucherinsolvenzverfahren zuzuordnenden Person fälschlicherweise das Regelinsolvenzverfahren eröffnet wird und eine entsprechende Vorbereitung des Antrags beispielsweise durch eine Schuldnerberatung erfolgte, erhöht sich durch die Fehleinschätzung auch nach dem 01.07.2014 die Mindestvergütung des Insolvenzverwalters zulasten der Masse und der Gläubiger von eigentlich vom Gesetzgeber vorgesehenen 800,00 €, auf die im Regelinsolvenzverfahren stets vorgesehenen 1.000,00 €.[155]

b) weitere Folgen der Durchführung des Verfahrens unter falschen Voraussetzungen

Im Rahmen der Eröffnung eines Insolvenzverfahrens bei Fehleinschätzung über die Eröffnungsvoraussetzungen zwischen den Verfahrensarten des Regelinsolvenzverfahrens sowie des Verbraucherinsolvenzverfahrens kommen neben den dargelegten insolvenzrechtlichen bzw. insolvenzverfahrensrechtlichen Unterschieden auch weitere Folgen zum Tragen.

In Berlin gibt es die Besonderheit, dass das Amtsgericht Charlottenburg zentrales Insolvenzgericht ist. Ausgenommen von dort geführten Verfahren sind Verbraucherinsolvenzverfahren, für die das jeweilige Amtsgericht am Wohnsitz des Schuldners zuständig ist, § 8 der Verordnung über die Konzentration amtsgerichtlicher Zuständigkeiten (ZuwV). Hierdurch ergibt sich bei der Wahl der falschen Verfahrensart auch eine falsche örtliche Zuständigkeit. Geht der Schuldner davon aus, dass er unter das Regelinsolvenzverfahren fällt und stellt seinen Antrag beim Amtsgericht Charlottenburg bzw. wird dahin verwiesen, ist er am örtlich nicht zuständigen Gericht, da er das Amtsgericht an seinem Wohnsitz hätte wählen müssen. Andersherum wäre ein Schuldner, der nach einer Fehlereinschätzung einen Antrag auf Eröffnung des Verbraucherinsolvenzverfahrens stellt, obwohl er unter das Regelinsolvenzverfahren fällt, an das Amtsgericht Charlottenburg zu verweisen.

155 Henning in: Ahrens/Gehrlein/Ringstmeier, § 304, Rn. 29.

Eröffnet das Amtsgericht Charlottenburg ein Insolvenzverfahren über das Vermögen einer objektiv unter das Verbraucherinsolvenzverfahren bzw. vereinfachte Verfahren fallenden Person, ist es nach § 2 InsO i. V. m. § 8 ZuwV hierfür nicht zuständig.[156] Der Eröffnungsbeschluss des Amtsgerichts Charlottenburg wäre jedoch nach § 4 InsO i. V. m. § 571 Abs. 2 Satz 2 ZPO nicht mit der sofortigen Beschwerde angreifbar und auch nicht unwirksam.[157] Ausnahmen können gelten, wenn der Richter seine Zuständigkeit unter Verletzung des rechtlichen Gehörs oder willkürlich angenommen hat. Dies führt jedoch auch nicht zur Unwirksamkeit.[158]

Erfolgt die Überleitung eines eröffneten Verfahrens in die jeweils andere Verfahrensart, ist dies rechtswidrig.[159] Soweit die Überleitung mangels sofortiger Beschwerde hiergegen rechtskräftig wird, bleibt sie bestehen und schließt auch die Bestellung des Insolvenzverwalters mit ein.[160] Da der Beschluss über die Überleitung und Bestellung eines Insolvenzverwalters für das eröffnete Verfahren nicht grundsätzlich unwirksam sind, führt die Rechtskraft zum materiellen Bestand, so dass sowohl die Eröffnung als auch die Bestellung des Insolvenzverwalters bzw. Treuhänders und dessen Verwertungshandlungen nicht mehr angreifbar sind.

In einem im Jahr 2015 vom Bundesgerichtshof entschiedenen Fall (BGH WM 2015, 728) war zunächst vom Amtsgericht Spandau eine Treuhänderin im Verbraucherinsolvenzverfahren bestellt worden, bevor das eröffnete Verfahren an das Amtsgericht Charlottenburg verwiesen und dort in ein Regelinsolvenzverfahren überführt wurde. Vom Amtsgericht Charlottenburg wurde ein Insolvenzverwalter bestellt und die Treuhänderin aus dem Amt entlassen. Nachdem das Verfahren von der Beschwerdeinstanz wieder an das Amtsgerichts Spandau verwiesen wurde, bestellte dieses den Insolvenzverwalter, der seine Tätigkeit bereits aufgenommen hatte, zum dortigen Treuhänder. Die vormalige Treuhänderin legte sofortige Beschwerde ein, mit dem Ziel ihre ursprüngliche Bestellung zur Treuhänderin als wirksam feststellen zu lassen. Der BGH wies die Rechtsbeschwerde ab, da der Beschluss über die Bestellung des Treuhänders ebenso wie der Beschluss über seine Bestellung zum Insolvenzverwalter wirksam und rechtskräftig waren.

Nach § 240 S. 1 ZPO wird durch die Eröffnung eines Insolvenzverfahrens ein anhängiger Prozess, an dem der Insolvenzschuldner beteiligt ist,

---

156 BGH WM 2015, 728, 729.
157 BGH NZI 2005, 184; BGH WM 2015, 728, 729.
158 BGH, a.a.O.
159 BGH WM 2013, 1036.
160 BGH ZIP 2016, 1547, 1549.

unterbrochen bis er nach den für das Insolvenzverfahren geltenden Vorschriften aufgenommen oder das Insolvenzverfahren beendet wird. Ein durch den Arbeitnehmer geführter Kündigungsschutzprozess vor den Arbeitsgerichten wird jedoch durch die Eröffnung eines Verbraucherinsolvenzverfahrens über das Vermögen des Arbeitnehmers nicht unterbrochen.[161] Dies wird damit begründet, dass ein solcher Prozess nur den höchstpersönlichen Anspruch des Schuldners aus dem Arbeitsverhältnis und nicht die Insolvenzmasse als solche betrifft.[162]

Inwieweit eine Unterbrechung im Falle der Eröffnung eines Regelinsolvenzverfahrens über das Vermögen eines Schuldners der (mittlerweile) Arbeitnehmer ist erfolgt, ist durch die höchstrichterliche Rechtsprechung bisher nicht entschieden. Da es sich bei der Arbeitskraft des Schuldners auch im Regelinsolvenzverfahren um einen höchstpersönlichen Anspruch handelt, wäre eine Unterscheidung nach Verfahrensart anhand der bisherigen Begründung nicht möglich. In diesem Fall wäre eine Fehleinschätzung aus zivilprozessualer Hinsicht nicht relevant, da die Regelung des § 240 S. 1 ZPO in sämtlichen Verfahrensarten im Falle eines Kündigungsschutzprozesses keine Anwendung finden würde. Sollte die Rechtsprechung des Bundesarbeitsgerichts jedoch nur für den von ihm ausdrücklich genannten Fall des Verbraucherinsolvenzverfahrens Anwendung finden, läge durch die Fehleinschätzung bei der Verfahrenseröffnung im Falle der Eröffnung eines Regelinsolvenzverfahrens über das Vermögen einer unter die Voraussetzungen der §§ 304 ff. InsO fallenden Person eine Ungleichbehandlung vor, da ein solcher Rechtsstreit nicht unterbrochen werden würde.

Im Rahmen der Fehleinschätzung bei der Verfahrenseröffnung zwischen Regelinsolvenzverfahren sowie Verbraucherinsolvenzverfahren ergeben sich überdies eklatante steuerrechtliche Unterschiede in der Praxis:

Eine Unternehmerstellung des Insolvenzschuldners bleibt auch nach Eröffnung des Verfahrens erhalten und berechtigt die Insolvenzmasse zum Vorsteuerabzug.[163] Sofern ein Verbraucherinsolvenzverfahren über das Vermögen einer unter das Regelinsolvenzverfahren fallenden Person eröffnet wird, würde eine Unternehmereigenschaft des Insolvenzschuldners praktisch vermutlich nicht registriert, wodurch eine Vorsteuerabzugsfähigkeit der Insolvenzmasse nicht gegeben wäre. Etwaige Vorsteueransprüche der Masse kämen dieser sodann nicht zugute.

161 BAG NJW 2010, 955; BAG NZA 2013, 1147.
162 Reinfelder, NZA 2009, 124, 127.
163 Schmittmann in: Schmidt, InsO, 2016, Anhang Steuerrecht, Rn. 269.

Dies gilt auch und insbesondere für die Vorsteuer aus der Vergütung des Insolvenzverwalters, die zugunsten der Insolvenzmasse geltend zu machen und sogar in die Bemessungsgrundlage der Vergütung einzubeziehen ist.[164]

Zudem würde eine Umsatzsteuerzahlpflicht nicht gemeldet werden, da es sich bei der Vermögensverwertung im Verbraucherinsolvenzverfahren lediglich um die Veräußerung privaten Vermögens handelt und eine Umsatzsteuerpflicht in der Regel nicht bestehen dürfte.[165] Soweit die Ansprüche aus Vorsteuerabzug die Umsatzsteueransprüche des zuständigen Finanzamtes übersteigen, wäre durch die Fehleinschätzung bei der Verfahrenseröffnung eine vermögensrelevante Benachteiligung der Masse gegeben.

Im umgekehrten Fall, in dem ein Regelinsolvenzverfahren über das Vermögen einer unter das Verbraucherinsolvenzverfahren fallenden Person eröffnet wird, wäre die Verwaltervergütung vorsteuerabzugsfähig, sofern der Insolvenzschuldner in diesem Falle tatsächlich als vorsteuerabzugsfähig behandelt wird. In der Regel dürfte im Rahmen der steuerrechtlichen Bearbeitung die fehlende Unternehmereigenschaft des Insolvenzschuldners jedoch auffallen, so dass der Insolvenzschuldner an dieser Stelle nicht automatisch durch die bloße Eröffnung des Verfahrens als Regelinsolvenzverfahren privilegiert sein dürfte.

Durch eine Fehleinschätzung bei der Verfahrenseröffnung zwischen den Verfahrensarten Regelinsolvenzverfahren sowie Verbraucherinsolvenzverfahren kommen überdies praktische strafrechtliche bzw. strafprozessuale Unterscheidungen zum Tragen.

Die Insolvenzstraftaten des Strafgesetzbuches nach den §§ 283 ff. StGB finden sowohl bei Personen, die objektiv unter die Voraussetzungen des Regelinsolvenzverfahrens als auch bei solchen, die unter die Voraussetzungen des Verbraucherinsolvenzverfahrens fallen uneingeschränkte Anwendung. Der Täter muss hierfür kein Kaufmann oder Unternehmer sein.[166]

> Der Strafsenat des Bundesgerichtshofs (BGH NZI 2001, 496) bezog in seiner Entscheidung vom 22.02.2001 auch Täter in den Bankrotttatbestand des § 283 StGB ein, die keine selbstständige wirtschaftliche Tätigkeit ausüben, soweit sich aus den Tatbestandsvarianten der Strafnorm nichts anderes ergibt. Im entschiedenen Fall handelte es sich um zwei Brüder, die je zur Hälfte Erben eines Grundstücks geworden und dieses veräußert hatten, obwohl die öffentliche Hand die Rückführung des

164 BFH ZIP 2014
165 BFH ZIP 2015, 1237, 1239; BGH NZI 2011, 326.
166 BGH, NZI 2001, 496.

Grundstücks in den Bodenreformfonds beschlossen hatte. Der gezahlte Kaufpreis wurde in der Folge dem Vermögen der Erben entzogen, so dass die Rückforderung der öffentlichen Hand zu einer Insolvenzforderung wurde. Der Bundesgerichtshof äußerte keinen Zweifel an der Einbeziehung der nicht selbstständig wirtschaftlich Tätigen.

In der Praxis soll jedoch lediglich im Falle der Annahme eines Regelinsolvenzverfahrens ein Gutachten durch einen Gutachter bzw. vorläufigen Insolvenzverwalter erstellt werden.[167] Dieses Gutachten wird durch die Insolvenzgerichte regelmäßig an die zuständigen Staatsanwaltschaften gegeben.[168] Die Staatsanwaltschaften prüfen anhand der durch die Insolvenzgerichte übergebenen Gutachten das Vorliegen eines Anfangsverdachts auf Insolvenzstraftaten. Soweit bei einer objektiv unter das Regelinsolvenzverfahren fallenden Person das Verfahren als Verbraucherinsolvenzverfahren eröffnet wird, wird es jedoch in der Regel an einem Gutachten fehlen, so dass die entsprechende Information durch das Insolvenzgericht nicht an die Staatsanwaltschaft gegeben wird. Die Staatsanwaltschaft wird bereits aus organisatorischen Gründen bzw. den praktischen Arbeitsabläufen keine Ermittlungen lediglich aufgrund der Eröffnung eines Verbraucherinsolvenzverfahrens einleiten. Durch die Eröffnung eines Verbraucherinsolvenzverfahrens über das Vermögen einer objektiv unter das Regelinsolvenzverfahren fallenden Person kann diese daher rein praktisch einer möglichen Strafverfolgung nach den §§ 283 ff. StGB entgehen.

Umgekehrt kann bei der Eröffnung eines Regelinsolvenzverfahrens über das Vermögen einer unter §§ 304 ff. InsO fallenden Person und der damit meist einhergehenden vorherigen Gutachtenerstellung eine objektiv ohnehin gegebene Strafbarkeit nach den §§ 283 ff. InsO durch die Weitergabe des nunmehr erstellten Gutachtens seitens des Insolvenzgerichts an die zuständige Staatsanwaltschaft, eine Strafbarkeit leichter verfolgt werden.

Soweit das in der objektiv unrichtigen Verfahrensart eröffnete Insolvenzverfahren als Hauptinsolvenzverfahren eröffnet wurde, entfaltet es trotz der gewählten unstatthaften nationalen Verfahrensart in internationaler Hinsicht universelle Wirkung auf das in anderen Staaten belegene Vermögen.

Diese Wirkung ergibt sich unabhängig von der Statthaftigkeit der Verfahrensart sowohl für das Regelinsolvenzverfahren als auch für das Verfahren nach den §§

---

167 Stephan, ZVI 2007, 441, 445.
168 Köllner/Cyrus, NZI 2017, 15, 17.

304 ff. InsO aus Art. 3 Abs. 1 Satz 1 i. V. m. Art. 16 Abs. 1 EuInsVO bzw. aus §§ 335, 343 Abs. 1 Satz 1 InsO.

Voraussetzung für die Anerkennung der Eröffnung und der hiermit einhergehenden universellen Wirkung ist nach Art. 16 Abs. 1 EuInsVO die Wirksamkeit des durch das zuständige Organ gefassten Eröffnungsbeschlusses in dem eröffnenden Mitgliedsstaat.[169] Weiterhin muss es sich bei der Eröffnung um ein Insolvenzverfahren im Sinne des Art. 1 Abs. 1 EuInsVO handeln, das im Anhang A oder B der EuInsVO aufgeführt ist.[170] Es handelt sich sowohl beim Regelinsolvenzverfahren als auch bei dem Verfahren nach §§ 304 ff. InsO sowie dem sich anschließenden Restschuldbefreiungsverfahren um Insolvenzverfahren im Sinne des Art. 1 Abs. 1 EuInsVO i. V. m. Anhang A der EuInsVO.[171] Eine Fehleinschätzung bei der Auswahl der nationalen Verfahrensart wirkt sich daher international nicht aus.

2.) Zusammenfassung

Nach der für vor dem 01.07.2014 beantragte Verfahren geltenden Rechtslage ergeben sich bei der Fehleinschätzung zwischen Regelinsolvenzverfahren und Verfahren nach §§ 304 ff. InsO verschiedene verfahrensrechtliche Unterschiede, die sich teilweise zu Lasten der Masse bzw. des Schuldners auswirken können. Aufgrund der Ausrichtung des Verbraucherinsolvenzverfahrens auf eine vereinfachte Vermögensverwertung mit geringeren Veröffentlichungs- und Informationspflichten sowie reduzierten Kosten sind die insolvenzverfahrensrechtlichen Unterschiede im Wesentlichen von Vereinfachungen geprägt. Hiermit einher gehen im Rahmen des sog. IK-Verfahrens geringere Möglichkeiten der Massemehrung.

Soweit über das Vermögen einer objektiv unter das Regelinsolvenzverfahren fallenden Person das Verfahren nach den §§ 304 ff. InsO eröffnet wird, entsteht durch die geringere Vergütung des Treuhänders im Vergleich zum Insolvenzverwalter eine geringere Kostenbelastung. Durch die Regelung zur Anfechtung und zur Verwertung des – ggf. mit Drittrechten belasteten – Vermögens werden geringere Massekostenbeiträge bzw. Masseerlöse erzielt, was dem Verfahren zum Nachteil gereicht. Dies wird lediglich durch die Ausdehnung des § 88

169 Smid in: Leonhardt/Smid/Zeuner, Internationales Insolvenzrecht, EuInsVO, Art. 16, Rn. 4, 5.
170 Smid, a.a.O, Rn. 7.
171 Smid, a.a.O, Art. 1, Rn. 10, 26.

InsO aufgefangen, welcher zur gesetzlichen Unwirksamkeit von Zwangsvollstreckungsmaßnahmen im 3-Monats-Zeitraum führt. Überdies ist dem Schuldner die Möglichkeit eines Insolvenzplanes sowie die Möglichkeit der Eigenverwaltung endgültig versperrt.

International ergeben sich durch die universelle Wirkung der Eröffnung eines Hauptverfahrens keine Unterschiede.

Bei nach dem 01.07.2014 beantragten Verfahren ergeben sich aufgrund der Änderungen durch das Gesetz zur Verkürzung des Restschuldbefreiungsverfahrens und zur Stärkung der Gläubigerrechte keine insolvenzrechtlichen materiell-rechtlichen Folgen mehr. Eine beantragte Eigenverwaltung bliebe bei der fehlerhaften Zuordnung zum Verfahren nach §§ 304 ff. InsO gemäß § 270 Abs. 1 S. 3 InsO zwar verwehrt, jedoch dürfte es aufgrund des beschränkten Antrags auf Eröffnung des Regelverfahrens in Eigenverwaltung praktisch nicht zu einer Eröffnung nach den §§ 304 ff. InsO, sondern zu einer Abweisung kommen. Dem Schuldner bliebe zwar der Weg in die Eigenverwaltung verwehrt, nicht jedoch das Verbraucherinsolvenzverfahren als solches.

Außerhalb des Insolvenzverfahrensrechts können durch die Fehleinschätzung bei einer objektiv unter das Regelinsolvenzverfahren fallenden Person im Rahmen der Insolvenzverwaltervergütung steuerrechtliche Nachteile aufgrund fehlender Vorsteuerabzugsberechtigung entstehen. In strafrechtlicher Hinsicht ist aufgrund der Praxis der Insolvenzgerichte bzw. der Staatsanwaltschaften die Möglichkeit der Strafverfolgung im Verbraucherinsolvenzverfahren geringer.

Soweit über das Vermögen einer objektiv unter das Verbraucherinsolvenzverfahren fallenden Person das Regelinsolvenzverfahren eröffnet wird, ergibt sich die wesentliche Belastung aus den erhöhten Verfahrenskosten im Rahmen der Mindestvergütung.

Auf internationaler Ebene ergeben sich insolvenzrechtlich wiederum keine verfahrensrechtlichen Folgen.

Außerhalb des Insolvenzverfahrensrechts kommt der objektiv unter das Insolvenzverfahren fallende Schuldner durch die insolvenzrechtliche Fehleinschätzung ggf. in den Fokus der Strafverfolgungsbehörden, sofern ein Gutachten im Vorfeld der Eröffnung des Insolvenzverfahrens erstellt wurde.

IV.) Ursprünglich geplante Änderungen durch den Referentenentwurf eines Gesetzes zur Verkürzung des Restschuldbefreiungsverfahrens, zur Stärkung der Gläubigerrechte und zur Insolvenzfestigkeit von Lizenzen

1.) Änderungen im Referentenentwurf d. BReg.

a) Überblick

Die Bundesregierung hatte einen Referentenentwurf für das Gesetz zur Verkürzung des Restschuldbefreiungsverfahrens, zur Stärkung der Gläubigerrechte und zur Insolvenzfestigkeit von Lizenzen vom 18.01.2012 vorgelegt.[172] Diesem folgte ein Regierungsentwurf für ein Gesetz zur Verkürzung des Restschuldbefreiungsverfahrens und zur Stärkung der Gläubigerrechte vom 12.07.2012.[173] Letztlich wurde der Regierungsentwurf für ein Gesetz zur Verkürzung des Restschuldbefreiungsverfahrens und zur Stärkung der Gläubigerrechte vom 31.10.2012 vorgelegt.[174]

Für das Verfahren nach den §§ 304 ff. InsO ergaben sich aus dem Referentenentwurf sowie den nachfolgenden Regierungsentwürfen zunächst einige Änderungen, die sodann nur teilweise Eingang in das Gesetz zur Verkürzung des Restschuldbefreiungsverfahrens und zur Stärkung der Gläubigerrechte vom 15.07.2013 (BGBl. I S. 2379) gefunden haben.

Bereits mit Eröffnung des Insolvenzverfahrens über das Vermögen natürlicher Personen sollte nach dem ursprünglichen Entwurf über die Frage der Versagung der Restschuldbefreiung aus offensichtlichen Gründen, insbesondere über die Versagungsgründe nach § 290 Abs. 1 InsO entschieden werden.[175] Dies wurde damit begründet, dass bisher erstmals im Schlusstermin also am Ende des Insolvenzverfahrens über den Antrag des Schuldners auf Restschuldbefreiung entschieden wird. Hierdurch werden Insolvenzverfahren selbst dann durchgeführt,

172 abrufbar unter: http://www.bundesgerichtshof.de/DE/Bibliothek/GesMat/WP17/R/Restschuldverk.html oder direkt unter http://www.bundesgerichtshof.de/SharedDocs/Downloads/DE/Bibliothek/Gesetzesmaterialien/17_wp/Restschuldverk/refe.pdf;jsessionid=5988C8817966EA4C705CB315EF624930.1_cid286?__blob=publicationFile

173 abrufbar unter: http://www.bundesgerichtshof.de/DE/Bibliothek/GesMat/WP17/R/Restschuldverk.html oder direkt unter http://www.bundesgerichtshof.de/SharedDocs/Downloads/DE/Bibliothek/Gesetzesmaterialien/17_wp/Restschuldverk/rege.pdf;jsessionid=5988C8817966EA4C705CB315EF624930.1_cid286?__blob=publicationFile

174 BT-Drucks. 17/11268.

175 Regierungsentwurf v. 12.07.2012, S. 26f.

wenn von Beginn an feststeht, dass die Restschuldbefreiung aus Gründen des § 290 InsO versagt werden kann. Derartige Verfahren sollen vermieden werden.[176] Die Regelung fand letztlich Eingang in § 287 a InsO.

Des Weiteren sollte zunächst das obligatorische Schuldenbereinigungsplanverfahren abgeschafft werden.[177] Da dieses nach § 306 Abs. 1 S. 3 InsO in das Ermessen des Gerichts gestellt ist und nicht durchgeführt wird, soweit ein Schuldenbereinigungsplan voraussichtlich nicht angenommen wird, werden laut Regierungsentwurf in der Praxis kaum noch Versuche eines gerichtlichen Einigungsversuches unternommen.[178] Durch die Abschaffung des bedeutungslos gewordenen gerichtlichen Schuldenbereinigungsplanverfahrens und der gleichzeitigen Einführung von Möglichkeiten zur flankierenden Unterstützung des außergerichtlichen Verfahrens sollte dieses außergerichtliche Verfahren gestärkt werden.[179] Die Abschaffung fand letztlich jedoch keine Umsetzung in dem verabschiedeten Gesetz zur Verkürzung des Restschuldbefreiungsverfahrens und zur Stärkung der Gläubigerrechte

Zudem sollte die Möglichkeit der Vorlage eines Insolvenzplans in das Verfahren nach den §§ 304 ff. InsO aufgenommen werden.[180] Dies ist durch die Streichung des § 312 InsO auch erfolgt.

Im Referentenentwurf des Bundesministeriums der Justiz vom 18.01.2012 war überdies vorgesehen, dass die funktionelle Zuständigkeit für Verbraucherinsolvenz- und Restschuldbefreiungsverfahren vollständig auf den Rechtspfleger übertragen wird.[181] Begründung für dieses Vorhaben war die Steigerung der Effizienz der gerichtlichen Arbeit, da der Rechtspfleger bereits heute im Verbraucherinsolvenz- sowie im Restschuldbefreiungsverfahren zahlreiche Aufgaben wahrnehme.[182] Künftig sollte der Rechtspfleger daher im Verbraucherinsolvenzverfahren auch die Aufgaben wahrnehmen, die bislang dem Richter nach § 18 Abs. 1 Nr. 1 und 2 RpflG zustanden. Der Zuständigkeitswechsel nach Eröffnung des Insolvenzverfahrens sollte vermieden und so die Effizienz gesteigert werden.[183] Überdies sollte ein Ausgleich für die Übertragung des

176 BT-Drucks. 17/11268, S. 16; Jacobi in: InsbürO 2012, 123, 125.
177 Regierungsentwurf v. 12.07.2012, S. 29.
178 BT-Drucks. 17/11268, S. 17.
179 BT-Drucks. 17/11268, S. 18.
180 BT-Drucks. 17/11268, S. 18.
181 Referentenentwurf v. 18.01.2012, S. 16.
182 Referentenentwurf v. 18.01.2012, S. 32.
183 Referentenentwurf v. 18.01.2012, S. 63.

Insolvenzplanverfahrens auf den Richter vorgenommen werden, welche mittels des Gesetzes zur weiteren Erleichterung der Sanierung von Unternehmen (ESUG) erfolgt war.[184] Die Übertragung auf den Rechtspfleger sollte so auch zu einer Einsparung bei den Personalkosten der Gerichte führen.[185] Die Möglichkeit des Richters das Verfahren nach § 18 Abs. 2 RpflG wieder an sich zu ziehen, sollte im Rahmen des Referentenentwurfes erhalten bleiben; dies gilt ebenso für die Zuständigkeit des Richters für die Beschwerde als rechtsverbindliche Entscheidung.[186] Die Vollübertragung auf den Rechtspfleger sollte auch die Entscheidung über die Eröffnung des Verfahrens umfassen.[187] Hierdurch ergeben sich Auswirkungen auf die hier zu untersuchenden Folgen etwaiger Fehleinschätzungen bei der Verfahrenseröffnung, insbesondere bei der Unterscheidung zwischen Regel- und Verbraucherinsolvenzverfahren.

b) Reaktionen auf die geplante Änderung der funktionellen Zuständigkeit

Die Thematik der Aufteilung der funktionellen Zuständigkeit ist zwischen Richtern und Rechtspflegern stark umstritten.[188] Bereits vor der offiziellen Vorlage des Referentenentwurfes des Bundesministeriums der Justiz vom 18.01.2012 wurde daher durch Teile der Richterschaft Kritik an der Änderung der funktionellen Zuständigkeit für das Verbraucherinsolvenz- sowie Restschuldbefreiungsverfahren geäußert.[189] Diese Kritik nahm nach der Veröffentlichung zu und wurde insbesondere mit folgenden Punkten begründet:

Zunächst seien verfassungsrechtliche Bedenken an der Änderung der funktionellen Zuständigkeit gegeben.[190] So sei bereits in der Begründung zur Insolvenzordnung durch den Gesetzgeber ausgeführt worden, dass die Entscheidungen im Rahmen des Insolvenzverfahrens der rechtsprechenden Tätigkeit im Sinne von Artikel 92 GG sehr nahe kämen, da sie in einem kontradiktorischen Verfahren nach Anhörung der Beteiligten ergingen.[191] Regelmäßig seien insbesondere im

184 Referentenentwurf v. 18.01.2012, S. 32.

185 Referentenentwurf v. 18.01.2012, S. 2.

186 Referentenentwurf v. 18.01.2012, S. 63.

187 Referentenentwurf v. 18.01.2012, S. 32; Harder, NZI 2012, 113, 119; Vallender/Laroche, VIA 2012, 9, 10.

188 Zimmer in: Bork/Hölzle, Kap. 5, Rn. 21.

189 Heyer, ZVI 2011, 437.

190 Schmerbach, NZI 2012, 161, 166; Frind, ZInsO 2012, 475; Grote/Pape, ZInsO 2012, 1913; Biegelsack, ZInsO 2012, 1009.

191 Schmerbach, NZI 2012, 161, 167.

Rahmen der Entscheidung über die Versagung der Restschuldbefreiung schwerwiegende Abwägungen und Bewertungen erforderlich.[192] Diese Entscheidungen greifen tief in die rechtliche Stellung des Schuldners bzw. der Gläubiger ein und seien daher aus verfassungsrechtlichen Gründen dem Richter vorbehalten.[193]

Neben diesem verfassungsrechtlichen Argument werden weitere theoretische wie praktische Erwägungen gegen eine Änderung der funktionellen Zuständigkeit erhoben. So seien bei der Entscheidung über die Restschuldbefreiung inhaltlich fundierte und individuell begründete Entscheidungen zu treffen, die eine richterliche Subsumtion bereits im Rahmen dieser Entscheidung und der nicht erst im Rahmen der Beschwerde erforderten.[194] Entscheidungen in einem kontradiktorischen Verfahren seien nicht den Rechtspflegern zuzuweisen.[195]

Durch die Aufteilung der funktionellen Zuständigkeit zwischen Regel- bzw. Verbraucherinsolvenzverfahren sei zudem die zufällige Frage, ob jemand bei Insolvenzantragstellung unter die Voraussetzungen des § 304 Abs. 1 InsO falle für die funktionelle Zuständigkeit maßgeblich.[196]

Überdies seien nach einer Zuständigkeitsübertragung auf den Rechtspfleger Einschränkungen im Rahmen der Rechtsmittel gegeben, sofern die sofortige Beschwerde nicht mehr gegeben ist.[197]

Mit Effizienzsteigerungen sei bereits aufgrund von Zuständigkeitsstreitigkeiten innerhalb des Gerichts nicht zu rechnen.[198] Überdies komme es durch die Führung verschiedener Listen bei Richterschaft bzw. Rechtspflegerschaft über Insolvenzverwalter zu weiteren Irritationen.[199]

Die Übertragung der Zuständigkeit für den Insolvenzplan im Wege des ESUG erfordere zudem nicht eine Entlastung in diesem Umfang, da Insolvenzpläne weiterhin selten vorkämen.[200] Die Richterplanstellen im Insolvenzbereich würden durch den Wegfall der Zuständigkeit für das Verbraucherinsolvenzverfahren

192 Biegelsack, ZInsO 2012, 1009, 1014.
193 Schmerbach, NZI 2012, 161, 167.
194 Grote/Pape, ZInsO 2012, 409, 418.
195 Harder, NZI 2012, 113, 119.
196 Schmerbach, NZI 2012, 161, 166.
197 Frind, ZInsO 2012, 475, 476; Schmerbach, NZI 2012, 161, 167.
198 Frind, ZInsO 2012, 475, 476.
199 Heyer, ZVI 2011, 437, 438; Frind, ZInsO 2012, 475, 476.
200 Schmerbach, NZI 2012, 161, 166.

weiter geschrumpft.[201] Dies führe dazu, dass die Richter sich nicht mehr adäquat im Rahmen des Insolvenzrechts fortbilden könnten.[202] Auch stünden bei den Rechtspflegern nicht entsprechende personelle Ressourcen zur Verfügung, um die nach einer Änderung der Zuständigkeit zu erwartenden Aufgaben auffangen zu können.[203]

Letztlich erfahre das Verbraucherinsolvenzverfahren durch die Änderung der funktionellen Zuständigkeit eine Entwertung, welche dem Antragsteller ggf. nicht mehr zu vermitteln sei.[204]

In der Rechtspflegerschaft wurde die Änderung der funktionellen Zuständigkeit begrüßt.[205] Bereits vor der Reform würden diverse Aufgaben im Rahmen des Verbraucherinsolvenzverfahrens ohnehin durch den Rechtspfleger wahrgenommen.[206] Auch treffe der Rechtspfleger nicht nur im Rahmen der Insolvenzverfahren sondern auch im Rahmen der Zwangsversteigerungsverfahren bzw. der Entscheidung über Vollstreckungsschutzanträge bei Zwangsvollstreckung von Räumungstiteln zahlreiche Entscheidungen in kontradiktorischen Verfahren.[207] Überdies seien die Rechtspfleger gut ausgebildet und einer solchen Aufgabe sowohl personell als auch fachlich gewachsen.[208]

Dem Argument der Verfassungswidrigkeit der Übertragung des Verbraucherinsolvenzverfahrens auf den Rechtspfleger wird insbesondere mit dem Verweis darauf, dass in der heutigen gerichtlichen Praxis bereits zahlreiche Entscheidungen durch den Rechtspfleger getroffen bzw. vorbereitet werden, begegnet.[209] Zudem sei bei Tätigwerden des Rechtspflegers die Möglichkeit der Herbeiführung einer gerichtlichen Entscheidung stets gegeben.[210]

Die Frage gipfelte in einem Streit zwischen Rechtspfleger und Richter über die sog. Vorverfügungspraxis im Insolvenzrecht:

---

201 Frind, ZInsO 2012, 475, 476.
202 Heyer, ZVI 2011, 437, 439.
203 Frind, ZInsO 2012, 475, 476, Biegelsack, ZInsO 2012, 1009.
204 Heyer, ZVI 2011, 437, 438.
205 Lissner, ZInsO 2012, 681, Schmidberger, Rpfleger 2012, 297, 301.
206 Schmidberger, Rpfleger 2012, 297, 301.
207 Lissner, ZInsO 2012, 681, 682; so auch: Biegelsack, ZInsO 2012, 1009, 1010.
208 Lissner, ZInsO 2012, 681, 682.
209 Lissner, ZInsO 2012, 681, 682; Lissner, ZInsO 2012, 1881, 1882.
210 Lissner, ZInsO 2012, 2282f.

Im Rahmen der sog. Vorverfügung bereiten Rechtspfleger vorbereitend die eigentlich in die richterliche Zuständigkeit unterfallenden Tätigkeiten bis zur Unterschriftsreife vor.[211] Dies wird in einigen Bundesländern bereits seit Jahrzehnten praktiziert.[212] Als Rechtsgrundlage hierfür war zu Zeiten der Konkursordnung der § 25 RpflG gegeben.[213] Hiernach konnte die Landesjustizverwaltung mittels Verordnung unter anderem den Konkursrechtspfleger zur Vorbereitung von Verfügungen und Beschlüssen des Konkursrichters heranziehen. Diese Vorschrift ist jedoch durch das dritte Gesetz zur Änderung des Rechtspflegergesetzes vom 06.08.1998 ersatzlos abgeschafft worden.[214]

Sowohl der Regierungsentwurf vom 12.07.2012 als auch der Regierungsentwurf vom 31.10.2012 enthielten eine Änderung der funktionellen Zuständigkeit im Verbraucherinsolvenz- sowie Restschuldbefreiungsverfahren auf den Rechtspfleger nicht mehr. Die Änderung wurde bereits mit Regierungsentwurf vom 12.07.2012 herausgenommen.

Bereits nach dem Regierungsentwurf vom 31.10.2012 sollte eine mögliche Zuständigkeitsverschiebung im Rahmen der Evaluierung des ESUG erneut geprüft werden.[215] Hiermit hat die Bundesregierung nach Ansicht der Rechtspflegerschaft klargestellt, dass der Übertragung der funktionellen Zuständigkeit keine verfassungsrechtlichen Schranken des Artikels 92 GG entgegenstünden.[216]

Durch die Reform des Insolvenzrechts im Wege des ESUG und des Gesetzes zur Verkürzung des Restschuldbefreiungsverfahren und zur Stärkung der Gläubigerrechte wurden zwar eine Reihe von Problemen der Fehleinschätzung zwischen Regel- und Verbraucherinsolvenzverfahren beseitigt, jedoch sind auch neue Probleme bzw. Unklarheiten bei der praktischen Umsetzung entstanden. Das Insolvenzplanverfahren steht nunmehr Schuldnern i.S.d. § 304 InsO offen. Die funktionale Zuständigkeit sowohl für Regel-, als auch Verbraucherinsolvenzverfahren wurde nach § 18 Abs. 1 Nr. 2 RPflG weiterhin beim Richter belassen. Das Gesetz geht zudem davon aus, dass „das Verfahren über einen Insolvenzplan nach den §§ 217 bis 256 und den §§ 258 bis 269 der Insolvenzordnung" dem Richter vorbehalten ist. Es stellt sich jedoch die Frage, inwieweit der Rechtspfleger noch beteiligt wird und werden muss, sobald der Insolvenzplan

211 Lissner, ZInsO 2012, 1881, 1882.
212 Lissner, ZInsO 2012, 1881, 1882.
213 Frind, ZInsO 2012, 2093.
214 Lissner, ZInsO 2012, 2282, 2284.
215 BT-Drucks. 17/11268, S. 49.
216 Lissner, ZInsO 2012, 2282.

eingereicht ist. Der Rechtspfleger führt Regel- wie auch Verbraucherinsolvenzverfahren ab Eröffnung als funktional zuständig. Nach dem reformierten § 18 Abs. 1 Nr. 2 RPflG sind nunmehr jedoch sowohl die Prüfung eines Insolvenzplans, der Erörterungs- und Abstimmungstermin sowie die Aufhebung des Verfahrens dem Richter vorbehalten. Lediglich die Vollstreckung aus dem Plan nach § 257 InsO obliegt dem Rechtspfleger. Soweit der Plan hinsichtlich der Aufhebung des Verfahrens von § 258 InsO abweichende Regelungen vorsieht, die den Zusammenhang zwischen der Planbestätigung und der Aufhebung des Verfahrens beseitigen, obliegt die Aufhebung auch nach der Reform und somit bei Insolvenzanträgen ab dem 01.01.2013 dem Rechtspfleger.[217] Es bietet sich daher an, den Rechtspfleger bereits bei der Prüfung des Plans, der Durchführung des Erörterungs- und Abstimmungstermins und den weiteren wesentlichen Entscheidungen einzubeziehen. Dies gilt umso mehr, wenn noch ein nachträglicher Prüfungstermin im Vorfeld des Erörterungs- und Abstimmungstermins durchzuführen ist.

In der Praxis stellt sich zudem die Frage, welches Gerichtsorgan nach Planbestätigung die Entscheidung über die Vergütung des Insolvenzverwalters bzw. des Sachwalters trifft. Die Festsetzung obliegt nach § 64 Abs. 1 InsO dem Insolvenzgericht, funktionell zuständig ist das im Zeitpunkt der Festsetzung das Verfahren führende Gerichtsorgan, nach § 18 RPflG in der Regel der Rechtspfleger.[218] Aufgrund der Zuständigkeitsübertragung bis zur Aufhebung auf den Richter hat dieser bei einer Planbestätigung auch die Vergütung festzusetzen. Da dies sonst dem Rechtspfleger obliegt, befindet sich der Richter in einem für ihn ungewohnten Rechtsgebiet, was zu Verzögerungen und/oder Fehlern führen kann. Zwar ist die Festsetzung oder Vereinbarung der Vergütung im Plan nicht zulässig.[219] Jedoch hat der Richter nach der Zuständigkeitsverschiebung sowohl im Rahmen der Vorprüfung nach § 231 Abs. 1 Nr. 2 und 3 InsO gegebenenfalls in die Vergleichsrechnung des Plans als Masseverbindlichkeiten einbezogene Verfahrenskosten zu beurteilen, als auch die Vergütung festzusetzen.

c) Einschätzung der derzeitigen Situation

Durch die Herausnahme der im Referentenentwurf des Bundesministeriums der Justiz vom 18.01.2012 enthaltenen Änderung der funktionellen Zuständigkeit in

217 Beth, ZInsO 2015, 2017, 2018; Thies in: HambKomm-InsO, § 258, Rn. 21.
218 Mock in: Uhlenbruck, InsO, § 64, Rn. 10; Blümle in: Braun, InsO, § 64, Rn. 4.
219 BGH NZI 2017, 260.

den weiteren Regierungsentwürfen ist die Übertragung auf den Rechtspfleger zunächst nicht erfolgt.

Da diese Übertragung bereits im Rahmen des Gesetzgebungsverfahrens zum ESUG angedacht war, um einen Kompromiss für die Konzentration der Insolvenzgerichte zu finden und auch im Rahmen des Referentenentwurfes eines Gesetzes zur Verkürzung des Restschuldbefreiungsverfahrens, zur Stärkung der Gläubigerrechte und zur Insolvenzfestigkeit von Lizenzen eine Rolle spielte, soll im Folgenden geprüft werden, inwieweit sich die Fehleinschätzung bei der Verfahrenseröffnung eines Verbraucherinsolvenzverfahrens durch den Rechtspfleger auswirkt. Im Rahmen der Evaluierung des ESUG hat die Bundesregierung auch die Frage der Übertragung der funktionellen Zuständigkeit zur Eröffnung von Verbraucherinsolvenzverfahren auf den Rechtspfleger evaluieren lassen. Die Evaluierung kommt zu dem Ergebnis, dass sich die derzeitige Aufgabenverteilung zwischen Rechtspfleger weitgehend bewährt habe.[220] Aufgrund der regelmäßig aufkommenden Zuständigkeitsdiskussionen lohnt es sich dennoch, das Thema und die praktischen Folgen einer tatsächlichen Umsetzung für künftige Überlegungen eingehend zu betrachten. Gerade aufgrund der erfolgten Übertragung der funktionellen Zuständigkeit für Insolvenzplanverfahren auf den Richter, werden Zuständigkeits- und Kapazitätsdiskussionen aufkommen, wenn die Zahl der Insolvenzpläne weiter zunimmt und Richter auch Aufgaben übernehmen müssen, im Rahmen der Umsetzung der Richtlinie über präventive Restrukturierungsrahmen, über Entschuldung und über Tätigkeitsverbote sowie über Maßnahmen zur Steigerung der Effizienz von Restrukturierungs-, Insolvenz- und Entschuldungsverfahren und zur Änderung der Richtlinie (EU) 2017/1132 (Richtlinie über Restrukturierung und Insolvenz).

2.) Folgen der Änderung der funktionellen Zuständigkeit für die Verfahrenseröffnung

Bei der funktionellen Zuständigkeit handelt es sich um eine ausschließliche Zuständigkeit.[221] Soweit die funktionelle Zuständigkeit für sämtliche Entscheidungen im Rahmen des Verfahrens nach den §§ 304 ff. InsO – wie im Referentenentwurf der Bundesregierung vom 18.01.2012 angedacht – vollständig auf

220 Abrufbar unter: https://www.bmjv.de/SharedDocs/Artikel/DE/2018/101018_Bericht_ESUG.html oder direkt unter: https://www.bmjv.de/SharedDocs/Downloads/DE/News/Artikel/101018_Gesamtbericht_Evaluierung_ESUG.pdf;jsessionid=D893EEA99CB02759944850BD982FFEEE.2_cid289?__blob=publicationFile&v=2

221 Hefermehl in: Handbuch des Fachanwalts Insolvenzrecht, Kap. 1, Rn. 105.

den Rechtspfleger übertragen wird, ergeben sich Probleme, falls bei der Abgrenzung der Verfahrensarten eine Fehleinschätzung erfolgt.

Dem Richter obliegt nach dem Referentenentwurf weiterhin die Zuständigkeit für die Eröffnung des Regelinsolvenzverfahrens. Soweit der Richter das Regelinsolvenzverfahren über das Vermögen einer objektiv unter die §§ 304 ff. InsO fallenden Personen eröffnet, handelt er nach dem Referentenentwurf außerhalb seiner Zuständigkeit. Die Eröffnung durch den Richter bleibt jedoch in diesem Fall folgenlos. Soweit der Richter eine Entscheidung trifft, die nach funktioneller Zuständigkeit dem Rechtspfleger zusteht, ist die Entscheidung nach § 8 Abs. 1 RPflG grundsätzlich dennoch wirksam.[222] Dies ist auch zu begründen mit dem sog. Evokationsrecht des Richters nach § 18 Abs. 2 RPflG. Gemäß § 18 Abs. 2 RPflG kann der Richter das Verfahren jederzeit ganz oder teilweise an sich ziehen bzw. sich die Entscheidungen bereits im Vorfeld vorbehalten. Aus diesem Grunde ist die entgegen der funktionellen Zuständigkeit getroffene Entscheidung bei der Eröffnung eines Regelinsolvenzverfahrens über das Vermögen einer unter das Verbraucherinsolvenzverfahren fallenden Person unschädlich. Es entstehen lediglich die unter heutiger Rechtslage gegebenen – oben bereits dargestellten – Folgen für die Beteiligten.

Im umgekehrten Fall, in dem der Rechtspfleger das Verbraucherinsolvenzverfahren über das Vermögen einer objektiv unter das Regelinsolvenzverfahren fallenden Person eröffnet, kann dies nicht durch das Evokationsrecht geheilt werden. Weder die Insolvenzordnung noch das Rechtspflegergesetz sehen vor, Entscheidung des Richters auf den Rechtspfleger zu übertragen, soweit die ausschließliche funktionelle Zuständigkeit des Richters gegeben ist. Auch der Referentenentwurf der Regierung vom 18.01.2012 sieht dies an keiner Stelle vor.

Die Entscheidung über die Eröffnung durch den nicht zuständigen Rechtspfleger hat gem. § 8 Abs. 4 S. 1 RPflG die Unwirksamkeit der Entscheidung zur Folge. Im Falle der Einlegung eines Rechtsmittels gegen eine solche Entscheidung ist der Eröffnungsbeschluss im Rechtsmittelzug von Amts wegen aufzuheben und eine neue Entscheidung durch den Richter herbeizuführen.[223]

In dem im Jahr 2005 vom Bundesgerichtshof entschiedenen Fall (BGH NZI 2005, 520) hatte eine Rechtspflegerin über eine Erinnerung nach § 766 ZPO entschieden und diese zurückgewiesen. Die Beschwerde hiergegen beim zuständigen Landgericht blieb ebenfalls erfolglos. Der BGH hat die Sache zur Entscheidung an das

222 Hefermehl a.a.O.
223 BGH NZI 2005, 520.

Amtsgericht zurückverwiesen, da die Entscheidung nach § 20 Nr. 17 Satz 2 RPflG dem Richter vorbehalten ist. Die durch die Rechtspflegerin getroffene Entscheidung sei daher nach § 8 Abs. 4 Satz 1 RPflG unwirksam. Auch § 8 Abs. 4 Satz 2 RPflG vermochte dies nicht zu heilen, da die Entscheidung nicht nach § 7 RPflG der Rechtspflegerin zugewiesen worden ist. Eine solche richterliche Entscheidung lag nicht vor. Die Entscheidung eines funktionell unzuständigen Rechtspflegers sei unwirksam und daher im Rechtsbehelfsverfahren aufzuheben. Auf die inhaltliche Richtigkeit komme es nicht an. Auch das Beschwerdegericht könne dies nicht mittels bestätigender Entscheidung heilen.

Soweit kein Rechtsmittel eingelegt wird und der Rechtsmittelweg nicht beschritten wird, unterbleibt eine richterliche Entscheidung. Hier stellt sich die Frage, inwieweit überhaupt eine Heilungsmöglichkeit gegeben ist.[224] Bei der heutigen Gesetzeslage ist die Fehleinschätzung bei der Verfahrenseröffnung zwischen Regel- und Verbraucherinsolvenzverfahren nach Eintritt der Rechtskraft des Eröffnungsbeschlusses für ihren Bestand und ihre Wirksamkeit unschädlich. In diesen Fällen ist die Entscheidung stets durch den für beide Fälle zuständigen Richter getroffen worden. Nach Ablauf der Rechtsmittelfrist bleibt die Eröffnung dauerhaft und uneingeschränkt wirksam.[225]

Die Möglichkeit der Heilung durch eine Entscheidung nach § 7 RPflG zur Bestimmung des zuständigen Organs der Rechtspflege durch Beschluss wäre lediglich gegeben, soweit vor der Entscheidung über die Eröffnung die Möglichkeit der Abgrenzungsproblematik zwischen Regel- und Verbraucherinsolvenzverfahren erkannt wird. In solchen Fällen kann der Richter eine legitimierende Entscheidung herbeiführen.[226]

Im Falle der Fehleinschätzung durch den Rechtspfleger und der erfolgten Eröffnung des Verbraucherinsolvenzverfahrens über das Vermögen einer unter das Regelinsolvenzverfahren fallenden Person nach dem Referentenentwurf vom 18.01.2012 wäre der Eröffnungsbeschluss mithin dauerhaft unwirksam. Es fehlt in diesem Fall vollständig an der notwendigen richterlichen Entscheidung. Dies wird nicht durch Ablauf der Rechtsmittelfrist geheilt.[227] Das Verfahren würde mithin trotz Unwirksamkeit des Eröffnungsbeschlusses durchgeführt. Der Beschluss über die Eröffnung des Verfahrens hat im Insolvenzverfahren sowie in der Konkursordnung konstitutive Wirkung für sämtliche Wirkungen der Insolvenz bzw. des

224 Vallender/Laroche in: VIA 2012, 9, 11.
225 BGH, Beschluss v. 21.02.2008, Az.: IX ZB 62/05.
226 BGH ZInsO 2005, 708.
227 Schmahl/Busch in: Münchener Kommentar zur Insolvenzordnung, Band 1, § 34, Rn. 124.

Konkurses.[228] Durch einen unwirksamen Beschluss ist mithin auch die Bestellung des Insolvenzverwalters ohne Wirkung.[229] Auch die Ausgabe einer Bestellungsurkunde an den Verwalter vermag dies nicht zu heilen.[230] Die Verwertungshandlungen des Insolvenzverwalters erfolgen mithin ohne Rechtsgrund.

Durch die Änderung der funktionellen Zuständigkeit ergeben sich daher auch in den skizzierten Fällen in Berlin durch die Sonderzuständigkeit des Amtsgerichts Charlottenburg nach § 8 ZuwV ausschließlich für Regelinsolvenzverfahren, erhebliche Probleme. Soweit der Rechtspfleger an einem anderen örtlichen Gericht, ein objektiv vom Amtsgericht Charlottenburg als Regelinsolvenzverfahren zu eröffnendes Verfahren als Verbraucherinsolvenzverfahren eröffnen würde, ergäbe sich ebenfalls die Nichtigkeit des Beschlusses mangels funktioneller Zuständigkeit des Rechtspflegers. Mithin würde jedes in Berlin am Wohnsitz des Schuldners eröffnete Verbraucherinsolvenzverfahren, das objektiv ein Regelinsolvenzverfahren ist, nicht wirksam eröffnet. Dies hätte jeweils die Unwirksamkeit der Bestellung des jeweiligen Insolvenzverwalters im Verbraucherinsolvenzverfahren und dessen Verwertungshandlungen zur Folge.

Soweit ein Verschulden bei der Fehleinschätzung festgestellt werden kann, kommen Amtshaftungsansprüche gegen den Rechtspfleger sowie gegen den Verwalter in Betracht.[231]

In dem vom Bundesgerichtshof in einem Amtshaftungsprozess entschiedenen Fall (BGH ZIP 1990, 1141) hatte ein Rechtspfleger nach Eröffnung eines Konkursverfahrens durch den Richter, eigenmächtig einen weiteren Konkursverwalter für einen Teilbereich des schuldnerischen Betriebs bestellt. Der Richter stimmte dem im Nachgang zu. Der zunächst durch den Richter umfassend bestellte Konkursverwalter ging gegen den seitens des Rechtspflegers geänderten Beschluss vor und hatte in der Beschwerdeinstanz schließlich Erfolg. Der durch die Rechtspfleger eingesetzte Konkursverwalter begehrte nach Aufhebung des Eröffnungsbeschlusses eine Vergütung sowie Schadensersatz für seinen Aufwand. Der BGH gewährte dem durch den Rechtspfleger eigenmächtig bestellten Konkursverwalter den begehrten Schadenersatz im Wege der Amtshaftung. Der durch den Rechtspfleger erlassene Beschluss sei mangels funktioneller Zuständigkeit gem. §§ 18 Abs. 1 i. V. m. 8 Abs. 4 S. 1 RPflG unwirksam. In der bewussten Umgehung der funktionellen Zuständigkeit sah der BGH eine Amtspflichtverletzung, die zur Ersatzverpflichtung für entstandene Schäden führe.

---

228 Smid, Handbuch Insolvenzrecht, § 2, Rn. 4.

229 Schmahl/Busch, a.a. O., § 29, Rn. 142; BGH ZIP 1986, 319, 322.

230 Eickmann, EWiR 1986, 295f.

231 BGH ZIP 1990, 1141; Schmahl/Busch a.a.O.

Im Falle der versehentlichen Fehleinschätzung in Grenzfällen wird diese Haftung jedoch in der Regel zu verneinen sein. Haftungsansprüche sind nur bei vorsätzlichen oder grob fahrlässigen Entscheidungen heranzuziehen.[232]

Auch die nach Referentenentwurf dem Rechtspfleger obliegende Entscheidung über die Ankündigung der Restschuldbefreiung wird bei der Fehleinschätzung und der hiermit einhergehenden Entscheidung außerhalb der funktionellen Zuständigkeit unwirksam sein.

Das Landgericht Berlin[233] hatte im Jahr 2004 einen Fall zu entscheiden, in dem ein Gläubiger im Schlusstermin Antrag auf Versagung der Restschuldbefreiung gestellt hatte, da einige Vermögenspositionen weder im Gutachten des Sachverständigen noch in der weiteren Verfahrensberichtserstattung Berücksichtigung gefunden hatten. Im Rahmen des Schlusstermins waren diese Positionen erläutert worden, woraufhin der Gläubiger seinen Antrag relativierte und nur aufrechterhalten wollte, soweit die noch offenen Punkte nicht geklärt waren. Mit Beschluss der zuständigen Richterin wurde der Antrag des Gläubigers auf Versagung der Restschuldbefreiung zurückgewiesen. Mit weiterem Beschluss der Rechtspflegerin wurde festgestellt, dass die Schuldnerin unter näher bezeichneten Voraussetzungen die Restschuldbefreiung erlange. Hiergegen erhob die Gläubigerin sofortige Beschwerde. Das Landgericht Berlin gab der Beschwerde statt, da der Beschluss über die Zurückweisung des Antrags auf Versagung der Restschuldbefreiung ohne gesetzliche Grundlage ergangen und daher aufzuheben sei. Auch der Beschluss über die Ankündigung der Restschuldbefreiung sei gem. § 8 Abs. 4 Satz 1, 18 Abs. 1 Ziff. 2 RpflG unwirksam. Da im Schlusstermin Antrag auf Restschuldbefreiung gestellt worden sei, waren gem. § 18 Abs. 1 Ziff. 2 RpflG die Entscheidung nach § 289 InsO, wozu auch die Ankündigung der Restschuldbefreiung im Sinne des § 291 InsO gehört, dem Richter vorbehalten. Der nach dem RpflG unwirksame Beschluss der von der funktionell unzuständigen Rechtspflegerin erlassen war, sei auch nicht dadurch wirksam geworden, dass die Richterin der hiergegen gerichteten sofortigen Beschwerde des Gläubigers nicht abgeholfen habe. Der Verstoß gegen die funktionelle Zuständigkeit sei nicht heilbar.[234]

Letztlich wird auch die universelle Wirkung auf internationaler Ebene durch die Entscheidung außerhalb der funktionellen Zuständigkeit nicht zum Tragen kommen. Nach Artikel 16 Abs. 1 EuInsVO wird die Eröffnung eines Insolvenzverfahrens durch ein nach Artikel 3 EuInsVO zuständiges Gericht eines Mitgliedsstaates in den übrigen Mitgliedsstaaten grundsätzlich anerkannt, sobald die Entscheidung im Staat der Verfahrenseröffnung wirksam ist.

---

232 Schmahl/Busch in: Münchener Kommentar zur Insolvenzordnung, Band 1, § 29, Rn. 142.

233 vgl. LG Berlin ZInsO 2004, 987, 988.

234 vgl. auch BayObLG, Rechtspfleger 1988, 472 ff.; BayObLG, Rechtspfleger 1980, 350.

Bereits nach dem Wortlaut des Artikel 16 Abs.1 EuInsVO kann aufgrund der fehlenden Wirksamkeit der Entscheidung in der Bundesrepublik Deutschland eine Wirkung in den übrigen Mitgliedsstaaten nicht entstehen.

Selbst soweit nach Eintritt der Rechtskraft eine Fiktion der Wirksamkeit gegeben wäre, wird als anerkannte Entscheidung im Sinne des Artikel 16 Abs. 1 EuInsVO generell nur die Entscheidung durch ein zuständiges Gericht gesehen.[235] Diese wäre hier auch im Falle einer Wirksamkeitsfiktion objektiv nicht gegeben.

Durch die im Referentenentwurf geplante Übertragung der funktionellen Zuständigkeit für die Eröffnung von Verbraucherinsolvenzverfahren auf den Rechtspfleger kann es durch das Auseinanderfallen der Zuständigkeit aufgrund der jeweils statthaften Verfahrensart zu gravierenden Folgen durch eine Fehleinschätzung über eben diese Verfahrensart kommen. Während die Fehleinschätzung durch den Richter folgenlos bleibt, zieht die Fehleinschätzung durch den Rechtspfleger nach der zuletzt mit Entwurf vom 18.01.2012 vorgelegten Änderung ggf. die Unwirksamkeit der Eröffnung des Insolvenzverfahrens nach sich. Die Bestellung des Insolvenzverwalters sowie die Ankündigung der Restschuldbefreiung wären unwirksam. Dies wird auch nicht durch Ablauf der Rechtsmittelfristen geheilt. Auf internationaler Ebene kann eine solche Eröffnung ebenfalls nach Artikel 16 Abs. 1 EuInsVO keine Wirksamkeit entfalten.

3.) Stellungnahme

Nach der im Referentenentwurf der Bundesregierung vom 18.01.2012 ursprünglich geplanten Änderung der funktionellen Zuständigkeit für Entscheidungen im Rahmen des Verbraucherinsolvenzverfahrens kann eine Fehleinschätzung bei der Einordnung der Verfahrensart in Grenzfällen zur dauerhaften Unwirksamkeit der Eröffnungsentscheidung und damit auch sämtlicher Verwertungshandlungen im Insolvenzverfahren führen. Dies gilt nach der geplanten und regelmäßig diskutierten Zuständigkeitsänderung für Fälle in denen der Rechtspfleger versehentlich das Verbraucherinsolvenzverfahren über das Vermögen einer objektiv unter das Regelinsolvenzverfahren fallenden Person eröffnet.

Mit der dauerhaften Unwirksamkeit der Eröffnungsentscheidung verbunden sind Haftungsrisiken des Rechtspflegers sowie des Insolvenzverwalters. Der Insolvenzverwalter handelt ohne rechtliche Legitimation und nimmt Verwertungshandlungen somit als Nichtberechtigter vor.

235 Smid in: Leonhardt/Smid/Zeuner, Internationales Insolvenzrecht, EuInsVO, Art. 16, Rn. 5.

Zwar wird es zu einer solchen Fehleinschätzung lediglich in wenigen Grenzfällen, insbesondere bei ehemals selbständigen Schuldnern bzw. ehemaligen Gesellschafter-Geschäftsführern kommen. Gegebenenfalls können derartige Fälle auch dauerhaft unerkannt bleiben, so dass sich Haftungsrisiko bzw. Unwirksamkeit bis zum Verfahrensabschluss und darüber hinaus nicht offenbaren. Aufgrund der Haftungsrisiken sowie der Tragweite einer etwaigen Unwirksamkeit für Schuldner und Gläubiger ist das Risiko dauerhaft jedoch nicht hinnehmbar.

Möglichkeiten diesem Risiko zu entgehen, können im Wesentlichen nur durch Sachverhaltsaufklärung über das Vorliegen der Eröffnungsvoraussetzungen für eine bestimmte Verfahrensart erfolgen. Diese Aufklärung kann im Wege der Begutachtung durch einen Sachverständigen vom Gericht angeordnet werden. In diesem Fall wird – wie bereits heutzutage in Grenzfällen von einigen Insolvenzgerichten angeordnet – ein Gutachtenauftrag beschränkt auf die Frage der richtigen Verfahrensart erteilt. Nachteil dieser Vorgehensweise wäre jedoch die Entstehung erhöhter Kosten gerade in Verbraucherinsolvenzverfahren sowie die mangelnde Effizienz, die durch die Übertragung der funktionellen Zuständigkeit gemäß Referentenentwurf vom 18.01.2012 gerade gefördert werden sollte.

Eine weitere Möglichkeit, das Risiko einer dauerhaft unwirksamen Eröffnungsentscheidung zu minimieren ist die Vorlage an den Richter und das Herbeiführen einer Entscheidung gem. § 7 InsO vor Eröffnung des Insolvenzverfahrens. Hierdurch wären die Effizienzgedanken des Referentenentwurfes jedoch wiederum ausgehöhlt.

Letztlich bliebe die Möglichkeit, in Grenzfällen stets das Regelinsolvenzverfahren durch den Richter eröffnen zu lassen. Dieser Lösungsansatz würde jedoch ggf. sowohl der materiellen Rechtslage widersprechen als auch die durch den Referentenentwurf geplante Entlastung der Richter konterkarieren. Zudem stellt sich die Frage, inwieweit der Rechtspfleger einen Grenzfall mit der notwendigen Sicherheit erkennen und bestimmen kann. Möglicherweise müsste zunächst wiederum eine Begutachtung erfolgen, die höhere Kosten und mangelnde Effizienz zur Folge hat.

Zusammenfassend lässt sich daher festhalten, dass die vollständige Übertragung der funktionellen Zuständigkeit auf den Rechtspfleger in den Verfahren nach §§ 304 ff. InsO aufgrund der Gefahr dauerhafter Unwirksamkeit der Eröffnungsentscheidung in der jetzt vorgelegten Form und bei der jetzigen Gesetzeslage im RPflG nicht durchführbar erscheint.

F. Eröffnung des Insolvenzverfahrens durch ein unzuständiges Gericht

I.) Eröffnung entgegen der nationalen örtlichen Zuständigkeit

1.) Örtliche Zuständigkeit

Nach § 3 Abs. 1 S. 1 InsO ist für die Eröffnung des Insolvenzverfahrens ausschließlich das Gericht zuständig, bei dem der Schuldner seinen allgemeinen Gerichtsstand hat. Vorrangig hierzu ist jedoch die Regelung des § 3 Abs. 1 S. 2 InsO, wonach ausschließlich das Gericht zuständig ist, in dessen Bezirk der Schuldner den Mittelpunkt seiner wirtschaftlichen Interessen hat. Maßgeblicher Zeitpunkt für die Festlegung ist der Zeitpunkt der Antragstellung.[236] Der Mittelpunkt der wirtschaftlichen Interessen des Schuldners im Sinne des § 3 Abs. 1 S. 2 InsO liegt dort, wo der Auftritt des Unternehmens nach außen erfolgt[237] bzw. bei mehreren Filialen der Ort der zentralen Verwaltung.[238]

Aus der Regelung des § 3 Abs. 2 InsO folgt, dass die Zuständigkeit verschiedener Insolvenzgerichte gegeben sein kann. Dies kann insbesondere aufgrund einer selbständigen wirtschaftlichen Tätigkeit der Fall sein, die an verschiedenen Orten in gleichem Maße ausgeübt wird.[239] Des Weiteren kommt das Vorhandensein mehrerer Wohnsitze in Betracht. Aufgrund der Regelung des § 35 ZPO in Verbindung mit § 4 InsO kann der einen Eigenantrag stellende Insolvenzschuldner durch die Wahl eines von mehreren zuständigen Insolvenzgerichten die ausschließliche Zuständigkeit festlegen.[240]

Soweit die selbständige wirtschaftliche Tätigkeit bei Antragstellung bereits eingestellt ist, kommt lediglich die örtliche Zuständigkeit nach § 3 Abs. 1 S. 1 InsO in Betracht.[241] Es ist sodann der Gerichtsstand nach den §§ 13 bis 19 ZPO in Verbindung mit § 4 InsO für die Bestimmung der örtlichen Zuständigkeit heranzuziehen.

---

236 BGH NZI 2007, 344; Andres in: Andres/Leithaus, InsO, § 3, Rn. 10.
237 BGHZ 97, 272; Stephan in: Schmidt, InsO, § 3, Rn. 7.
238 Foerste, Insolvenzrecht, Rn. 36; AG Münster ZInsO 2000, 49.
239 Kexel in: Graf-Schlicker, InsO, § 3, Rn. 10.
240 Rüther in: HambKomm-InsO, § 3, Rn. 25; Pape in: Uhlenbruck, InsO, § 3, Rn. 6.
241 Baumert in: Braun, InsO, § 3, Rn. 6; Stephan, a.a.O., Rn. 3.

Aufgrund der Regelung des § 5 Abs. 1 S. 1 InsO hat das Insolvenzgericht von Amts wegen die eigene örtliche Zuständigkeit zu prüfen.

2.) Eröffnung des Insolvenzverfahrens durch ein objektiv örtlich unzuständiges Gericht

a) Gläubigerantrag

Soweit ein Gläubiger den Antrag auf Eröffnung eines Insolvenzverfahrens über das Vermögen des Schuldners bei einem objektiv unzuständigen Gericht stellt, steht dem Schuldner nach Eröffnung des Insolvenzverfahrens die sofortige Beschwerde nach § 34 Abs. 2 InsO zu.[242] Soweit das Insolvenzgericht den Schuldner vorher zur Frage der örtlichen Zuständigkeit angehört hat, muss er sich dies nach § 4 InsO in Verbindung mit § 571 Abs. 2 S. 2 ZPO vorhalten lassen, so dass eine sofortige Beschwerde nicht mehr erfolgen kann.[243]

Wenn Rechtskraft des Eröffnungsbeschlusses eintritt, tritt Heilung der Eröffnung durch das örtlich unzuständige Gericht ein.[244] Das eröffnende Insolvenzgericht bleibt in diesem Falle für das gesamte Insolvenzverfahren zuständig.[245]

b) Eigenantrag

Soweit der Schuldner selbst Antrag auf Eröffnung des Insolvenzverfahrens über sein Vermögen bei einem objektiv örtlich unzuständigen Gericht stellt, hat das Gericht den Schuldner auf die Unzuständigkeit hinzuweisen und ihm die Möglichkeit zu geben, einen Antrag auf Verweisung an das örtlich zuständige Gericht zu stellen.[246] Sollte der Antragsteller dem nicht nachkommen, kann das Insolvenzgericht den Insolvenzantrag wegen Unzulässigkeit abweisen.[247] Hiergegen steht dem Schuldner nach § 34 Abs. 1 InsO die sofortige Beschwerde zu.

Das Gericht kann bei Verweisungsantrag den Antrag an das örtlich zuständige Gericht verweisen.[248] Dieser Verweisungsbeschluss ist nach § 4 InsO i. V. m. § 281 Abs. 2 S. 2 ZPO unanfechtbar. Überdies ist der Beschluss für das

242 Kexel a.a.O., Rn. 15.
243 OLG Celle, ZInsO 2001, 128; OLG Köln, ZIP 2000, 462; Kexel, a.a.O.
244 BGHZ 138, 44; OLG Celle, NZI 2007, 465.
245 BGH ZIP 1998, 477.
246 Rüther in: HambKomm-InsO, § 3, Rn. 27; Pape, a.a.O., Rn. 15.
247 Baumert, a.a.O., Rn. 12; Pape, a.a.O., Rn. 18.
248 Baumert, a.a.O, Kexel, a.a.O., Rn. 15.

angerufene Gericht nach § 281 Abs. 2 S. 4 ZPO bindend. Das angerufene Insolvenzgericht ist in diesem Fall gemäß § 4 InsO i. V. m. § 281 Abs. 2 S. 4 ZPO örtlich zuständig. Dies gilt nach der Rechtsprechung des Bundesgerichtshofes selbst dann, wenn die Verweisung unrechtmäßig erfolgte.[249] Die Verweisung kann jedoch ausnahmsweise unbeachtlich sein, wenn sie willkürlich oder ohne Gewährung rechtlichen Gehörs erfolgt ist.[250] Das angerufene Gericht kann in derartigen Fällen eine Zuständigkeitsbestimmung durch das Landgericht nach § 36 ZPO anstreben.[251]

Überdies kommt durch vorsätzliche Auswahl eines örtlich unzuständigen Gerichts seitens des Schuldners eine Gläubigerbenachteiligung in Betracht.[252] Diese Vorgehensweise wird seitens einiger Schuldner gewählt, um sich dem Einfluss der Gläubigergemeinschaft in örtlicher Weise zu entziehen.[253]

Ein solches Vorgehen wird insbesondere durch Sitzverlegung in der Krise offenbar. Die Rechtmäßigkeit der unmittelbar vor Antragstellung erfolgenden Sitzverlegung ist nach der einschlägigen Rechtsprechung jeweils anhand der Umstände des Einzelfalls festzustellen.[254] Die Insolvenzantragstellung innerhalb der ersten drei Wochen nach Beurkundung der Sitzverlegung kann jedoch nur ein Indiz für eine missbräuchliche Sitzverlegung zur Erlangung eines anderen Gerichtsstands sein.[255] Die Ernsthaftigkeit der Sitzverlegung wird nicht allein dadurch ausgeschlossen, dass am neuen Sitz keine erneute werbende Tätigkeit aufgenommen wird.[256]

> Mit Beschluss vom 20.03.1996 (BGH ZIP 1996, 847) hat der Bundesgerichtshof über einen Fall entschieden, in dem der Geschäftsführer der antragstellenden Insolvenzschuldnerin deren sämtliche Geschäftsanteile im April 1995 erworben und am selben Tage die Verlegung des Sitzes von Hannover nach Leipzig sowie die Abberufung des bisherigen Geschäftsführers beschlossen hatte. Das Gewerbe wurde in Hannover im Juli 1995 abgemeldet. Bereits im Juni 1995 wurde beim AG Leipzig Antrag auf Gesamtvollstreckung gestellt. Das AG Leipzig wies den Antrag ab, da die Sitzverlegung nach Leipzig missbräuchlich zur Erschleichung des Gerichtsstandes erfolgt sei. Es handele sich bei dem Sitz in Leipzig lediglich um eine Briefkastenanschrift.

---

249 BGH ZInsO 2006, 146.
250 Hefermehl in: Handbuch des Fachanwalts Insolvenzrecht, Kap. 1, Rn. 120; BGH NJW 2006, 383.
251 Kexel, a.a.O.
252 Hefermehl in: Handbuch des Fachanwalts Insolvenzrecht, Kap. 1, Rn. 108.
253 Baumert in: Braun, InsO, § 3, Rn. 16f.
254 Hefermehl, a.a.O.
255 BGH ZIP 1996, 847.
256 BGH DZWiR 1996, 322.

Nach Eintragung der Sitzverlegung im Handelsregister Leipzig im Oktober 1995 beantragte die Schuldnerin erneut Gesamtvollstreckung beim AG Leipzig. Das AG Leipzig wies diesen Antrag ebenfalls als unzulässig ab. Der Geschäftsführer stellte daher im November 1995 einen Antrag beim AG Hannover als dem Gericht des früheren Sitzes. Sodann beantragte der Geschäftsführer die Verweisung an das AG Leipzig, der das AG Hannover im Dezember 1995 nachkam. Das AG Leipzig erklärte sich mit Beschluss vom Januar 1996 wiederum für örtlich unzuständig und legte die Sache dem zur Bestimmung des örtlich zuständigen Gerichts zuständigen BGH vor. Der BGH erklärte den Verweisungsbeschluss des AG Hannover als für das AG Leipzig bindend. Eine bloße Briefkastenanschrift die der Zuständigkeit entgegenstehen könnte, hat der BGH nicht gesehen. Tatsachen die den Schluss erlauben würden, dass die Geschäfte der Schuldnerin nicht in Leipzig, sondern an einem anderen Ort getätigt und/oder abgewickelt würden und der Mittelpunkt der wirtschaftlichen Interessen in Leipzig nicht gegeben sei, wären bisher nicht festgestellt worden. Die formelle Ordnungsmäßigkeit der Sitzverlegung wäre daher nicht zu bezweifeln. Zwar habe die Antragstellerin keine werbende Tätigkeit in Leipzig vorgetragen, jedoch genüge dies nicht, um die Sitzverlegung als Erschleichung des Gerichtsstands anzusehen. Es sei zudem nicht offensichtlich, dass die Schuldnerin ihren Sitz erst nach Eintritt der Konkursreife verlegt habe. Zwar könne bei einer kurzen Abfolge von Sitzverlegung und Antrag auf Eröffnung des Gesamtvollstreckungsverfahrens ein Erschleichen des Gerichtsstandes vermutet werden. Dies sei im vorliegenden Fall jedoch nicht ersichtlich.

Ein weiteres Indiz für eine missbräuchliche Sitzverlegung bei der GmbH ist eine Sitzverlegung unmittelbar vor Insolvenzantragstellung, wenn vor Beurkundung der Sitzverlegung bereits die eidesstattliche Versicherung für die Gesellschaft abgegeben wurde.[257] In derartigen Fällen hat das Insolvenzgericht bei Verdacht einer missbräuchlichen Sitzverlegung die Angaben des Geschäftsführers bzw. des Schuldners zu überprüfen und ggf. von Amts wegen die für die örtliche Zuständigkeit maßgeblichen Umstände zu ermitteln.[258] Soweit sich Indizien für einen Missbrauch ergeben bzw. die Ermittlungen den Verdacht endgültig bestätigen, ist die Sitzverlegung nicht anzuerkennen und das Insolvenzverfahren am bisherigen Sitz des Schuldners zu eröffnen.[259]

Bei der missbräuchlichen Eigenantragstellung am örtlich unzuständigen Gericht bestehen für die Gläubiger nach Eröffnung durch das objektiv örtlich unzuständige Gericht keine Beschwerdemöglichkeiten nach der Insolvenzordnung. In Betracht käme lediglich die Verfassungsbeschwerde aufgrund der Entziehung

257 KG ZIP 2011, 1566.

258 BGH, Beschluss v. 13.12.2007 – IX ZB 238/06; Kexel a.a.O., Rn. 13.

259 Hefermehl, a.a.O.

des Rechts auf den gesetzlichen Richter gem. Art. 101 Abs. 1 S. 2 GG. Hierbei handelt es sich um einen auch im Insolvenzverfahren verfassungsrechtlich garantierten Verfahrensgrundsatz.[260] Beim Insolvenzverfahren auf Antrag eines Gläubigers handelt es sich um ein kontradiktorisches Verfahren.[261] Der Gläubiger könnte sich bei fehlerhafter örtlicher Zuständigkeit bei einem Gläubigerantrag ggf. auf Art. 101 Abs. 1 S. 2 GG berufen. Da er in diesem Fall den Antrag jedoch selbst gestellt hat, ist diese Variante kaum denkbar. Zudem schützt Art. 101 Abs. 1 S. 2 GG vor dem Entzug des gesetzlichen Richters durch die Rechtsprechung selbst.[262] Eine fehlerhafte Rechtsanwendung der Zuständigkeitsregeln soll nicht als Verfassungsverstoß gelten und nicht unter Berufung auf Art. 101 Abs. 1 S. 2 GG angreifbar sein.[263]

3.) Folgen der Fehleinschätzung der objektiven nationalen örtlichen Zuständigkeit

Der Mangel des Eröffnungsbeschlusses eines örtlich unzuständigen Gerichts wird bei Eintritt der Rechtskraft geheilt, so dass das eröffnende Gericht für die Abwicklung des Insolvenzverfahrens zuständig bleibt.[264]

Faktisch werden den Gläubigern jedoch die Möglichkeiten der Einflussnahme auf das Verfahren aufgrund erhöhter Distanz erschwert. In dieser Weise sollen, insbesondere bei der sog. gewerbsmäßigen Firmenbestattung, bereits erfolgte Vermögensverschiebungen zum Nachteil der Gläubiger verschleiert werden. Überdies kann der strafrechtliche Tatbestand der Insolvenzverschleppung den Ermittlungsbehörden auf diesem Wege entgehen. Letztlich soll insbesondere bei der gewerblichen Firmenbestattung der GmbH die Durchsetzung von Haftungstatbeständen gegenüber vormaligen Geschäftsführern erschwert werden. Diese Folgen werden durch die am Eröffnungssitz nicht mehr vorhandenen Geschäftsunterlagen sowie der fehlenden Identität der handelnden Personen mit den vormals das operative Geschäft führenden Personen bedingt.

Der Insolvenzverwalter sowie die Gläubigergemeinschaft und das Insolvenzgericht können in diesen Fällen regelmäßig nur unter größten Anstrengungen

260 Stephan in: Schmidt, InsO, § 4, Rn. 43.

261 Wolfsteiner in: Münchener Kommentar zur ZPO, § 794, Rn. 23.

262 BVerfGG WM 2008, 134, 135.

263 BVerfGG WM 2008, 134, 136; BVerfGE 82, 286, 299.

264 Hefermehl in: Handbuch des Fachanwalts Insolvenzrecht, Kap. 1, Rn. 119; Ganter/ Lohmann in: Münchener Kommentar zur InsO, Band 1, § 3, Rn. 32.

justiziable Belege für etwaige Haftungs- bzw. Anfechtungsansprüche zusammenstellen und müssen aufgrund fehlender Masse ggf. die Eröffnung des Insolvenzverfahrens gänzlich ablehnen. Dies kann durch die Zahlung eines Kostenvorschusses seitens eines oder mehrerer Gläubiger zunächst verhindert werden. Sodann stellt sich jedoch weiterhin das Problem der fehlenden Geschäftsunterlagen zur Geltendmachung und gerichtlichen Durchsetzung etwaiger Haftungsansprüche.

4.) Reform zum sog. Konzerninsolvenzrecht

Das Insolvenzrecht ging in der Insolvenzordnung bisher von der Erfassung einzelner Rechtsträger bzw. einzelner Vermögensmassen dieser natürlichen oder juristischen Personen aus. Für jeden Rechtsträger wird ein eigenes Insolvenzverfahren durchgeführt. Die Insolvenzordnung geht von der Trennung der einzelnen Vermögensmassen aus, auch wenn diese aufgrund wirtschaftlicher Verflechtungen oder Zusammenarbeit vor Stellung des Insolvenzantrags seitens des Unternehmens nicht eindeutig getrennt wurden. Zwar sind auch die handelsrechtlichen Regelungen, insbesondere was die Vermögenszuordnung und die Aufstellung der Jahresabschlüsse angeht, auf den einzelnen Rechtsträger zugeschnitten, jedoch ist das operative Geschäft größerer Unternehmen teilweise durch den Unternehmer in verschiedene Gesellschaften aufgeteilt. Dies ist nicht nur bei großen international agierenden Konzernen der Fall, sondern findet sich bereits im Mittelstand. So kann es beispielsweise im Handelsbereich eine Einkaufsgesellschaft und eine Vertriebsgesellschaft geben. Die Aufteilung verschiedener Geschäftsbereiche und/oder Standorte in verschiedene Gesellschaften mit gleicher Gesellschafterstruktur ist nicht unüblich. Diese Praxis geht über die steuerrechtliche Betriebsaufspaltung[265] hinaus. Solange die Unternehmen außerhalb des Insolvenzverfahrens geführt werden, treten in der Regel keine Abgrenzungsprobleme auf oder werden durch die Inhaber schlicht nicht bemerkt.

Gerät eines der Konzernunternehmen in die Krise, werden regelmäßig auch die weiteren Konzernunternehmen hiervon betroffen. Gerade die ungenaue wirtschaftliche Abgrenzung führt dazu, dass Verluste einzelner Unternehmen oder Sparten den gesamten Konzern betreffen. Häufig wird durch die ungenaue Abgrenzung die Krise des einzelnen Konzernunternehmens erst spät bemerkt, da die weiteren Unternehmen zuvor „einspringen“ und die negativen Ergebnisse

---

265 BFH I 119/56 U v. 25.6.57, BStBl III 57, 303.

ausgleichen. Der Insolvenzantrag wird häufig erst gestellt, wenn der gesamte Konzern vollständig in die Krise gerutscht ist.

Kommt es zur Insolvenzantragstellung ist jedes Unternehmen separat zu behandeln. Soweit die Unternehmen nicht den gleichen Sitz haben, kann dies zur Zuständigkeit verschiedener Insolvenzgerichte führen. Die Fortführung des Konzerns sowie der einzelnen Konzernunternehmen bedarf aufgrund der häufig eng verwobenen, gegenseitigen Leistungsbeziehungen einer aufwendigen Koordination. Dies wird häufig durch die Bestellung des gleichen Verwalters oder verschiedener Verwalter aus der gleichen Kanzlei sichergestellt. Durch die Verschiebung von örtlichen Zuständigkeiten ist dies jedoch nicht immer möglich. Auch kann es dazu führen, dass der Verwalter in eine Interessenkollision gerät, wenn die Interessen der einzelnen Unternehmen und der mit Insolvenzantrag wirtschaftlich berechtigten Gläubiger nicht mehr in die gleiche Richtung laufen. Die Bestellung verschiedener Insolvenzverwalter ist daher die gesetzlich vorgesehene Regel.

Um die Sanierung zu unterstützen, hat der Gesetzgeber in der sog. 3. Stufe der Insolvenzrechtsreform ein Konzerninsolvenzrecht geschaffen. Hierzu wurden zunächst der Entwurf des Gesetzes zur Erleichterung der Bewältigung von Konzerninsolvenzen (BR-Drucksache 663/13 sowie BT-Drucksache 18/407) vorgelegt. Das vom Bundestag beschlossene Gesetz zur Erleichterung der Bewältigung von Konzerninsolvenzen vom 13.04.2017 trat am 21.04.2018 in Kraft (BGBl. I S. 866).

Das neue Konzerninsolvenzrecht geht weiterhin vom insolvenzrechtlichen Rechtsträgerprinzip aus, so dass es nicht zu einer Zusammenführung der verschiedenen Insolvenzmassen kommt. Die InsO sieht nach der Reform Koordination statt Konsolidierung vor. Weder verfahrensrechtlich noch wirtschaftlich werden die Konzernunternehmen zusammengeführt. Es erfolgt vielmehr die Einfügung von Koordinationsregelungen, die eine fortführungs- und sanierungsorientierte Abwicklung der Insolvenzverfahren ermöglichen sollen.

Die Gesetzesreform geht hierbei von einer sog. Unternehmensgruppe aus, die in einem neu eingefügten § 3 e InsO so definiert wird, dass rechtlich selbstständige Unternehmen, die den Mittelpunkt ihrer hauptsächlichen Interessen im Inland haben und die unmittelbar oder mittelbar miteinander verbunden sind, durch

1. die Möglichkeit der Ausübung eines beherrschenden Einflusses oder
2. die Zusammenfassung unter einheitlicher Leitung,

die Möglichkeit haben, die Zuständigkeit nach dem neu eingefügten § 3 a InsO an einem sog. Gruppen-Gerichtsstand zu beantragen. Das nach § 3 a InsO angerufene Insolvenzgericht erklärt sich für zuständig, wenn ein zulässiger Eröffnungsantrag eines gruppenangehörigen Unternehmens vorliegt und dieses Unternehmen nicht offensichtlich von untergeordneter Bedeutung für die gesamte Unternehmensgruppe ist. Eine untergeordnete Bedeutung ist gegeben, wenn die Bilanzsumme oder die jährlichen Umsatzerlöse sowie die Arbeitnehmerzahl des antragstellenden Unternehmens weniger als 15 % des Gruppendurchschnittes betragen. Ist der Gruppen-Gerichtsstand nach dem in die InsO einzufügenden § 3 a eröffnet, erklärt sich das angerufene Insolvenzgericht auch zuständig für die Insolvenzverfahren über die anderen gruppenangehörigen Unternehmen. Diese Zuständigkeit bleibt nach § 3 b InsO solange bestehen, wie ein Verfahren über ein gruppenangehöriges Unternehmen bei dem Insolvenzgericht anhängig ist. Nach § 3 c InsO ist für sog. Gruppen-Folgeverfahren funktionell auch jeweils der Richter zuständig, der für das Verfahren zuständig ist, in dem der Gruppen-Gerichtsstand begründet wurde.

In § 3 d InsO besteht für andere Insolvenzgerichte die Möglichkeit, den Eröffnungsantrag über ein gruppenangehöriges Unternehmen an das nach § 3 a InsO zuständige Gericht zu verweisen. Diese Verweisung ist zwingend, soweit der Schuldner dies beantragt.

Der neue § 13 a InsO sieht für den Antrag zur Begründung eines Gruppen-Gerichtsstandes vor, dass dem Antrag die für die Entscheidung über die Eröffnung eines Gruppen-Gerichtsstandes notwendigen Informationen, wie Bilanzsumme, Umsatzerlöse und durchschnittliche Anzahl der Arbeitnehmer des letzten Geschäftsjahres der anderen gruppenangehörigen Unternehmen, die nicht lediglich von untergeordneter Bedeutung für die Unternehmensgruppe sind, beigefügt werden müssen. Es muss zudem dargelegt werden, aus welchen Gründen eine Verfahrenskonzentration am angerufenen Insolvenzgericht im Interesse der Gläubiger liegt und ob eine Fortführung der Unternehmensgruppe angestrebt wird. Letztlich müssen die gruppenangehörigen Unternehmen, über deren Vermögen die Eröffnung beantrag wird oder bereits beantragt wurde, aufgeführt werden.

Soweit ein Gruppen-Gerichtsstand eröffnet ist, besteht für das Insolvenzgericht nach dem neu eingefügten § 56 b InsO die Verpflichtung, sich mit ggf. weiteren angegangenen Insolvenzgerichten über die Bestellung eines Insolvenzverwalters abzustimmen. Hierbei ist abzuwägen, ob es im Interesse der Gläubiger liegt, lediglich eine Person zum Insolvenzverwalter zu bestellen. Insbesondere ist zu prüfen, ob ein einheitlicher Insolvenzverwalter mit der gebotenen Unabhängigkeit agieren kann oder ob es Interessenkonflikte gibt. Sollte dies der Fall sein, ist über die Bestellung von Sonderinsolvenzverwaltern zu entscheiden. Der Verwaltervorschlag eines vorläufigen Gläubigerausschusses nach § 56 a InsO kann abgelehnt werden, wenn ein anderer vorläufiger Gläubigerausschuss eine andere Person einstimmig vorschlägt, die ebenfalls geeignet ist.

Im materiellen Insolvenzrecht wurde ein 7. Teil eingefügt, der in den §§ 269 a ff. Folgendes regelt:

Insolvenzverwalter gruppenangehöriger Unternehmen sind untereinander zur Unterrichtung und zur Zusammenarbeit verpflichtet soweit hierdurch nicht die Interessen der Beteiligten des Verfahrens beeinträchtigt werden. Insbesondere hat der Verwalter eines gruppenangehörigen Unternehmens das Recht, Informationen aus den anderen Verfahren zu erhalten, wenn diese für sein Verfahren von Bedeutung sein können, § 269 a InsO. Die Zusammenarbeit der Gerichte, insbesondere der Austausch von Informationen über die Anordnung von Sicherungsmaßnahmen, die Eröffnung des Verfahrens, die Bestellung eines Insolvenzverwalters und weitere wesentliche verfahrensleitende Entscheidungen sollen in § 269 b InsO geregelt werden. In dem neu eingefügten § 269 c InsO ist die Möglichkeit eines sog. Gruppen-Gläubigerausschusses auf Antrag eines Ausschusses im Einzelverfahren vorgesehen. Dieser Ausschuss soll die Insolvenzverwalter sowie die einzelnen Gläubigerausschüsse unterstützen und koordinieren.

Im 2. Abschnitt des neuen 7. Teils der InsO ist ein sog. Koordinationsgericht vorgesehen (§ 269 d InsO). Es handelt sich um das nach § 3 a InsO für die Eröffnung von Gruppen-Folgeverfahren zuständige Gericht. Dieses Gericht kann auf Antrag ein Koordinationsverfahren einleiten. Nach § 269 e InsO kann ein unabhängiger Verfahrenskoordinator bestellt werden. Dieser Verfahrenskoordinator hat nach § 269 f InsO für eine abgestimmte Abwicklung der Verfahren über die gruppenangehörigen Unternehmen zu sorgen, soweit dies im Interesse der Gläubiger liegt. Er kann insbesondere einen Koordinationsplan vorlegen. Nach § 269 h Abs. 2 InsO können in einem Koordinationsplan alle Maßnahmen beschrieben werden, die für eine abgestimmte Abwicklung der Verfahren sachdienlich sind. Dies können insbesondere Vorschläge zur Wiederherstellung der wirtschaftlichen Leistungsfähigkeit der einzelnen gruppenangehörigen Unternehmen und der Unternehmensgruppe, die Beilegung gruppeninterner Streitigkeiten sowie vertragliche Vereinbarungen zwischen den Insolvenzverwaltern sein. Der Koordinationsplan bedarf der Zustimmung eines bestellten Gruppen-Gläubigerausschusses sowie des Koordinationsgerichts.

Letztlich sieht § 270 d InsO vor, dass nicht nur Insolvenzverwalter, sondern auch der eigenverwaltende Schuldner den Kooperationspflichten des § 269 a InsO unterliegen.

In § 18 Abs. 1 des RPflG wird geregelt, dass der Richter für die Entscheidungen des Gruppen-Gerichtsstandes sowie das Koordinationsverfahren zuständig ist.

5.) Fehleinschätzungen im Rahmen von Konzerninsolvenzen

Die durch das Gesetz zur Erleichterung der Bewältigung von Konzerninsolvenzen in die InsO eingefügten Änderungen können auch Auswirkungen auf gerichtliche Fehleinschätzungen zur nationalen örtlichen Zuständigkeit für die Eröffnung von Insolvenzverfahren haben.

Zwar wird auch weiterhin ein Mangel der örtlichen Zuständigkeit durch Rechtskraft des Eröffnungsbeschlusses geheilt. Jedoch bietet die Konzentration durch einen Gruppen-Gerichtsstand die Möglichkeit und die Gefahr, durch Antrag auf Eröffnung des Insolvenzverfahrens für sämtliche Konzernunternehmen bei einem für nur Teile des Konzerns objektiv zuständigen Gericht, auch weitere Konzernteile an einem anderen Ort als ihrem Sitz oder dem Mittelpunkt ihrer wirtschaftlichen Interessen ins Insolvenzverfahren zu schicken. Durch den Antrag auf Begründung eines Gruppen-Gerichtsstandes sowie entsprechende Darlegung der Gründe die eine Verfahrenskonzentration rechtfertigen, ist es dem Schuldner mithin möglich, Insolvenzverfahren über Teilbereiche der Unternehmensgruppe, die regional nicht in den Zuständigkeitsbereich des angerufenen Insolvenzgerichts fallen, ebenfalls dorthin zu verlagern. Voraussetzung hierfür ist lediglich die Darstellung, dass die Unternehmen den Mittelpunkt ihrer hauptsächlichen Interessen im Inland haben und sie unmittelbar oder sogar nur mittelbar miteinander verbunden sind, durch die Möglichkeit eines beherrschenden Einflusses oder einer einheitlichen Leitung. Der Nachweis dieser Voraussetzung wird regelmäßig lediglich eine in wesentlichen Punkten übereinstimmende Gesellschafterstruktur erfordern.[266] Diese Punkte können durch das Gericht mittels Einblick in das Handelsregister und die Gesellschafterlisten überprüft werden.

Bei einem Großteil der auf diese Weise definierten Konzerne dürfte es sich auch tatsächlich um solche handeln, bei denen eine konzentrierte Abwicklung der Insolvenzverfahren sinnvoll ist. Die Mehrheit der Unternehmen, die unter diese

266 Smid, ZInsO 2016, 1277, 1282.

Voraussetzung fallen, wird jedoch ohnehin einen einheitlichen Gerichtsstand haben, sodass auch vor einer solchen Gesetzesreform eine gleichlaufende örtliche Zuständigkeit gegeben wäre. Durch den neuen § 3c InsO ist allerdings unabhängig vom Geschäftsverteilungsplan des Insolvenzgerichts, funktionell immer der gleiche Richter zuständig.

Es gibt jedoch auch Unternehmen die trotz einheitlicher Leitungsmacht oder weitgehend identischer Gesellschafterstruktur, dennoch an verschiedenen Standorten mit unterschiedlichem Gerichtsstand und unabhängig voneinander in verschiedenen Branchen tätig sind. Ein Konzern sollte daher vielmehr an operativen Verflechtungen, statt an einheitlicher Leitungsmacht zu definieren sein. Das bloße Anknüpfen an die beherrschenden Personen birgt die Gefahr, dass für operativ eigenständige Unternehmen plötzlich eine örtliche Zuständigkeit eröffnet wird, die fernab des Gerichtsstands und des operativen Mittelpunkts der selbstständigen wirtschaftlichen Interessen liegt.

Dies kann dazu führen, dass für Unternehmen, die einer Gesellschaftsgruppe nur aufgrund der Beteiligungsverhältnisse angehören, die Eröffnung des Insolvenzverfahrens fernab ihrer eigentlichen Tätigkeit und ihres Sitzes möglich und sogar zulässig wird. Es handelt sich dann aufgrund der neuen Zuständigkeitsregelung des § 3a InsO nicht um eine Fehleinschätzung des eröffnenden Gerichts. Der Eröffnungsbeschluss ist daher auch vor Eintritt der Rechtskraft nicht fehlerhaft.

Faktisch führte die Reform jedoch dazu, dass durch die Antragstellung der handelnden Personen und ihre Angaben zum Konzernverbund sowie der Begründung eines Gruppen-Gerichtsstands, eine regionale Entfernung der Abwicklung des Insolvenzverfahrens vom operativen Geschäft ermöglicht wird. Die Motivation der Antragsteller muss hierbei nicht einmal die vorsätzliche Umgehung des Insolvenzgerichts am eigentlichen Sitz sein. Es kann vielmehr durch Bequemlichkeit oder vermeintlich kürzere Wege für die am Verfahren Beteiligten, die einheitliche Antragstellung gewählt und glaubhaft gemacht werden. Es gibt jedoch auch die Motivation, bestimmte Gerichte oder Richter zu umgehen, um beispielsweise für eine Eigenverwaltung günstigere Rechtsprechung bei der Begründung von Masseverbindlichkeiten zu erlangen.[267] Das angerufene Insolvenzgericht als Gruppen-Gericht erlangt bei Vorliegen der Voraussetzungen, die in der Regel nur durch Einblick in das Handelsregister zu prüfen sein werden und im Übrigen aus dem Antrag hervor gehen müssten, keine vertieften Kenntnisse in die tatsächlichen operativen Verflechtungen. Weitere Ermittlungen

267 Stahlschmidt/Bartelheimer, ZInsO 2017, 1010, 1014.

sind vom Gesetz an dieser Stelle auch nicht vorgesehen. Das Gruppen-Gericht bleibt nach § 3b InsO dauerhaft zuständig für weitere mit dem Unternehmen verbundene Rechtsträger, unabhängig von deren tatsächlichen Mittelpunkt der selbstständigen wirtschaftlichen Interessen. Der Schuldner hat bei einem einmal eröffneten Gruppen-Gerichtsstand durch § 3d InsO zudem die Möglichkeit, auf Antrag eine Verweisung herbei zu führen.

Da der Gesetzgeber bei Konzeption des Gesetzes bereits gesehen hat, dass es Unternehmen von untergeordneter Bedeutung gibt und diese nicht zur eigenen Antragstellung für einen Gruppen-Gerichtsstand ermächtigte, scheint diese Folge der Zuständigkeitsverlagerung und die regionale Verschiebung jedoch in Kauf genommen zu werden.[268]

II.) Eröffnung entgegen der internationalen örtlichen Zuständigkeit

1.) Fehleinschätzung bei der Eröffnung eines Hauptinsolvenzverfahrens

a) internationale Zuständigkeit

Die internationale örtliche Zuständigkeit für die Eröffnung eines Hauptinsolvenzverfahrens richtet sich in nach Art. 3 Abs. 1 S. 1 EuInsVO bzw. § 335 InsO i. V. m. § 3 Abs. 1 InsO.[269] Hiernach sind für die Eröffnung eines Insolvenzverfahrens die Gerichte des Mitgliedsstaates zuständig, in dessen Gebiet der Schuldner den Mittelpunkt seiner hauptsächlichen Interessen hat. Dieser Mittelpunkt der hauptsächlichen Interessen wird auch Centre Of Main Interest (COMI) genannt.[270] Über diesen Mittelpunkt wird die internationale Zuständigkeit sowohl bei juristischen als auch bei natürlichen Personen, mithin auch bei Verbrauchern, bestimmt.[271] Die örtliche Zuständigkeit innerhalb des zuständigen

---

268 vgl. BT-Drucks. 18/407, S. 29.

269 Die Regelungen der InsO zum internationalen Insolvenzrecht (§§ 335 - 358) sind an den Regelungen der EuInsVO orientiert. Im Folgenden wird daher ein kurzer Überblick über den jeweiligen Gleichlauf durch Nennung der Regelungen beider Kodifikationen gegeben, bevor sich weitgehend auf die EuInsVO konzentriert werden soll. Abweichungen der §§ 335 InsO zur EuInsVO werden sodann jeweils deutlich gemacht.

270 Haarmeyer/Frind, Insolvenzrecht, Rn. 301.

271 Holzer in: Handbuch des Fachanwalts Insolvenzrecht, Kap. 12, Rn. 37.

Mitgliedsstaates richtet sich gemäß Art. 4 Abs. 1 EuInsVO (bzw. § 335 InsO) sodann nach dem jeweiligen nationalen Recht.

Die internationale Zuständigkeit legt den Mitgliedsstaat fest, in dem das Hauptinsolvenzverfahren im Sinne des Art. 3 Abs. 1 EuInsVO eröffnet wird. Innerhalb der Union kann lediglich ein Hauptinsolvenzverfahren über das Vermögen einer Person eröffnet werden.[272] Dieses ist zwingend in dem Mitgliedsstaat zu eröffnen, in dem der Schuldner den Mittelpunkt seiner hauptsächlichen Interessen hat, um die Sachnähe des zuständigen Gerichts sowie die Anwendbarkeit des nationalen Rechts zum Belegenheitsort der Vermögensmasse herzustellen.[273] In anderen Mitgliedsstaaten der Union können nach Art. 3 Abs. 2 EuInsVO (bzw. § 356 Abs. 1 InsO) Partikularinsolvenzverfahren in Form von Sekundärinsolvenzverfahren eröffnet werden. Die Wirkung dieser Verfahren sind nach Art. 3 Abs. 2 S. 2 EuInsVO (bzw. § 356 Abs. 1 InsO) auf das im Gebiet des jeweiligen Mitgliedsstaates belegene Vermögen des Insolvenzschuldners beschränkt.

Bei juristischen Personen gilt nach Art. 3 Abs. 1 S. 2 EuInsVO die Vermutung, dass der Mittelpunkt der hauptsächlichen Interessen der Ort des satzungsmäßigen Sitzes ist. Bei natürlichen Personen wird das COMI am Ort des gewöhnlichen Aufenthalts vermutet.[274]

Die vorgenannten Vermutungen können jedoch widerlegt werden, soweit der Mittelpunkt der hauptsächlichen wirtschaftlichen Interessen nach objektiven Kriterien in einem anderen Mitgliedsstaat liegt.[275] Hierbei soll zugunsten der Gläubiger insbesondere der nach außen erkennbare Ort des Mittelpunkts der hauptsächlichen Interessen des Schuldners maßgeblich sein.[276] Dieser Ort muss nicht der satzungsgemäße Sitz einer juristischen Person bzw. der Wohnsitz einer natürlichen Person sein. Zur Feststellung des Mittelpunktes der hauptsächlichen wirtschaftlichen Interessen lässt sich ein Strauß von Anhaltspunkten bilden. So ist der Mittelpunkt der hauptsächlichen Interessen in der Regel der Ort, an dem die Kundenbeziehungen unterhalten, Mitarbeiter eingesetzt und

---

272 Smid in: Leonhardt/Smid/Zeuner, Internationales Insolvenzrecht, EuInsVO, Art. 3, Rn. 7; Smid, DZWIR 2004, 397, 401.

273 Haß/Herweg in: Haß/Huber/Gruber/Heiderhoff, EuInsVO, Art. 3, Rn. 7.

274 High Court of Justice London NZI 2007, 361, 364.

275 Smid in: Leonhardt/Smid/Zeuner, Internationales Insolvenzrecht, EuInsVO, Art. 3, Rn. 18.

276 Smid, DZWIR 2003, 397, 402; EuGH, Urteil vom 02.05.2006, C-341/04 (Eurofood IFSC limited), Rn. 33.

Bankbeziehungen gepflegt werden.[277] Des Weiteren ist ein Anhaltspunkt die Belegenheit des wesentlichen schuldnerischen Vermögens.[278]

Soweit der Geschäftsbetrieb des Schuldners bereits eingestellt ist, bleibt der Mittelpunkt der hauptsächlichen wirtschaftlichen Interessen der Ort, an dem früher die werbende Tätigkeit ausgeübt wurde.[279] Diese Herangehensweise an die Festlegung der internationalen örtlichen Zuständigkeit entspricht dem Zweck der EuInsVO, da das Hauptinsolvenzverfahren in dem Mitgliedsstaat eröffnet wird, in dem die tatsächliche wirtschaftliche Tätigkeit ausgeübt wurde. Hierdurch ist ein Zugriff der maßgeblichen Gläubiger und Verfahrensbeteiligten auf das Verfahren sichergestellt.

Der Bundesgerichtshof hatte im Jahr 2011 im unmittelbaren Anschluss an die sogenannte Interedil-Entscheidung des EuGH folgenden Fall entschieden: Eine Gesellschaft niederländischen Rechts (BV) war an verschiedenen anderen Gesellschaften in Deutschland beteiligt. Sie war u. a. Komplementärin einer deutschen Kommanditgesellschaft mit Sitz in Deutschland. Im Mai 2008 schied die einzige Kommanditistin aus und die Auflösung der Kommanditgesellschaft sowie ihre Beendigung ohne Liquidation wurden im Juni 2008 im Handelsregister vermerkt. Einziger Vermögensgegenstand der Kommanditgesellschaft war eine Kaufpreisforderung für Aktien, die sie an einer weiteren Gesellschaft hielt. Im Juni 2010 beantragte ein Gläubiger wegen einer titulierten Forderung die Eröffnung des Insolvenzverfahrens über das Vermögen der Schuldnerin beim Amtsgericht Düsseldorf. Das Insolvenzgericht wies den Antrag als unzulässig ab, weil es international nicht zuständig sei. Die sofortige Beschwerde hiergegen hat das Landgericht ebenfalls zurückgewiesen. Mit der Rechtsbeschwerde verfolgte der Gläubiger den Eröffnungsantrag weiter vor dem Bundesgerichtshof. Der Bundesgerichtshof bezog sich auf die Regelung des Art. 3 EuInsVO sowie die Interedil-Entscheidung und stellte für die Bestimmung der internationalen Zuständigkeit allein darauf ab, wo die schuldnerische Gesellschaft bei Einstellung ihrer Tätigkeit den Mittelpunkt ihrer hauptsächlichen Interessen habe. Hierunter können laut BGH auch Abwicklungsarbeiten subsumiert werden, wie im Fall der Schuldnerin in Deutschland.

---

277 Smid in: Leonhardt/Smid/Zeuner, Internationales Insolvenzrecht, EuInsVO, Art. 3, Rn. 22; Mankowski in: Mankowski/Müller/J. Schmidt, EuInsVO, § 3, Rn. 45.

278 High Court of Justice London NZI 2007, 361, 366.

279 BGH, Beschluss vom 01.12.2011. IX ZB 232/10.

b) *Eröffnung des Hauptinsolvenzverfahrens durch ein international unzuständiges Gericht*

Das mittels Insolvenzantrag angerufene Insolvenzgericht des jeweiligen Mitgliedsstaats hat stets von Amts wegen zu prüfen, ob der Mittelpunkt der hauptsächlichen wirtschaftlichen Interessen im Sinne des Art. 3 Abs. 1 S. 1 EuInsVO in seinem Zuständigkeitsbereich liegt.[280] Die von Art. 3 Abs. 1 S. 2 EuInsVO auf den satzungsgemäßen Sitz abstellende Vermutung ist hierbei anhand objektiv feststellbarer Kriterien zu überprüfen, bevor ein Hauptinsolvenzverfahren im Sinne des Art. 3 Abs. 1 EuInsVO eröffnet wird.

Auch forciert durch das sog. „forum shopping", das die Sitzverlegung in Zuständigkeiten von Mitgliedsstaaten mit ggf. günstigeren insolvenzrechtlichen Regelungen propagiert,[281] kann es in Einzelfällen zu Fehlentscheidungen der Insolvenzgerichte hinsichtlich der internationalen örtlichen Zuständigkeit kommen. So kann durch die zeitlich vorverlagerte Verlegung des satzungsgemäßen Sitzes in einen anderen Mitgliedsstaat aufgrund der Vermutungswirkung des Art. 3 Abs. 1 S. 1 EuInsVO die Erschleichung einer objektiv nicht gegebenen örtlichen internationalen Zuständigkeit erfolgen. Insbesondere die Verlegung nach England wurde in der gängigen Beratungspraxis regelmäßig empfohlen.[282] Soweit die Sitzverlegung mit einigem zeitlichen Abstand zur Stellung des Insolvenzantrages erfolgt, provoziert diese die Fehleinschätzung des Gerichts in dem Mitgliedsstaat des neuen satzungsgemäßen Sitzes. Auch kann hierdurch aufgrund der Vermutungsregelung des Art. 3 Abs. 1 S. 1 EuInsVO ein zulässiger Fremdantrag in dem bisher zuständigen Mitgliedsstaat erschwert werden. Der Gläubiger hat in diesem Fall die Vermutung des Art. 3 Abs. 1 S. 1 EuInsVO anhand objektiver Kriterien zu widerlegen.

Eine weitere mögliche Fehleinschätzung ist gegeben, wenn ein Hauptinsolvenzverfahren bereits in einem anderen Mitgliedsstaat eröffnet wurde und das Gericht eines anderen Mitgliedsstaats in Unkenntnis dieser Entscheidung ebenfalls ein Hauptinsolvenzverfahren eröffnet. In der Systematik von EuInsVO und §§ 343 ff. InsO ist jeweils nur ein universell geltendes Hauptinsolvenzverfahren vorgesehen, sodass parallele Verfahren nur im Sinne von Haupt- und Sekundärverfahren gegeben sein können.

---

280 Smid DZWIR 2004, 397, 401.

281 vgl. Holzer in: Handbuch des Fachanwalts Insolvenzrecht, Kap. 12, Rn. 35; Konecny in: Neue Fragen des deutschen und internationalen Insolvenzrechts, S. 113; Reuß, EuZW 2013, 165.

282 vgl. Holzer, a.a.O.

c) Folgen der Fehleinschätzung der internationalen örtlichen Zuständigkeit

Die Eröffnung eines Hauptinsolvenzverfahrens hat nach Art. 16 Abs. 1 EuInsVO i. V. m. Art. 3 Abs. 1 EuInsVO unmittelbare und universelle Wirkung in den übrigen Mitgliedsstaaten. Die Eröffnung des Hauptinsolvenzverfahrens hat hierdurch eine direkte Anerkennung in den weiteren Mitgliedsstaaten zur Folge.[283] Eine Überprüfung dieser Entscheidung durch die Gerichte anderer Mitgliedsstaaten ist nicht vorgesehen.[284] Soweit Gerichte verschiedener Mitgliedsstaaten sich unabhängig voneinander zur Eröffnung des Hauptinsolvenzverfahrens als international zuständig sehen, gilt das Prioritätsprinzip.[285] Das zeitlich früher eröffnete Hauptinsolvenzverfahren geht aufgrund der universellen Wirkung des Art. 16 Abs. 1 EuInsVO stets dem zeitlich später eröffneten Verfahren vor. Hierbei ist auf den Zeitpunkt der Eröffnungsentscheidung im Sinne des Art. 2 Nr. 7 EuInsVO abzustellen.[286] Das zeitlich später eröffnete Insolvenzverfahren nimmt grundsätzlich die Funktion eines Sekundärinsolvenzverfahrens ein und hat nur Wirkung für das in dem Mitgliedsstaat seiner Eröffnung belegene schuldnerische Vermögen.[287] Dies kann freilich nur gelten, soweit in dem Mitgliedsstaat überhaupt Vermögen belegen ist.[288]

Das zeitlich später eröffnende Gericht ist nicht befugt, die Entscheidung des das Hauptinsolvenzverfahren eröffnenden Gerichts des anderen Mitgliedsstaates zu überprüfen.[289]

Handlungen des Verwalters im zuletzt eröffneten Verfahren, die nicht lediglich Vermögen betreffen, das in „seinem" Mitgliedsstaat belegen und hierdurch von einem Sekundärverfahren erfasst ist, erfolgen daher ohne Rechtsgrundlage und ohne Befugnis.[290] Dies vermag auch ein rechtskräftiger Eröffnungsbeschluss

---

283 Smid, Internationales Insolvenzrecht, § 5, Rn. 7; Haarmeyer/Frind, Insolvenzrecht, Rn. 298.

284 Smid, Internationales Insolvenzrecht, § 5, Rn. 7; Gruber in: Haß/Huber/Gruber/Heiderhoff, EuInsVO, Art. 16, Rn. 9.

285 Smid, Internationales Insolvenzrecht, § 5, Rn. 7; Paulus, EuInsVO, Art. 3, Rn. 2.

286 Smid in: Leonhardt/Smid/Zeuner, Internationales Insolvenzrecht, EuInsVO, Art. 3, Rn. 32.

287 Smid in: Leonhardt/Smid/Zeuner, Internationales Insolvenzrecht, EuInsVO, Art. 3, Rn. 33.

288 OLG Wien, NZI 2005, 56, 61; Paulus, NZI 2005, 62.

289 EuGH, NZI 2014, 964, 965; OLG Wien, NZI 2005, 56, 58; Paulus, EuInsVO, Art. 3, Rn. 2.

290 Konecny in: Neue Fragen des deutschen und internationalen Insolvenzrechts, S. 124; Paulus, NZI 2005, 62.

über ein vermeintliches Hauptinsolvenzverfahren nicht zu ändern.[291] Nicht in das Sekundärinsolvenzverfahren fallende Massegegenstände und Erlöse sind daher nach wie vor dem zeitlich zuerst eröffneten Hauptinsolvenzverfahren zuzuordnen.

Entstehen durch die Verwertungshandlungen des Verwalters über nicht im Mitgliedsstaat belegenes Vermögen Schäden oder lassen sich die Erlöse nicht mehr vollständig auskehren – beispielsweise durch Reduzierung der Masse mittels im selben Zeitraum ausgeglichener Masseverbindlichkeiten, die das Hauptinsolvenzverfahren nicht betreffen – kommt bei Verschulden des Verwalters und des eröffnenden Gerichts die persönliche Haftung bzw. Amtshaftung in Betracht.

Soweit das Insolvenzgericht eines Mitgliedsstaates aufgrund einer Fehleinschätzung als erstes Gericht ein Hauptinsolvenzverfahren entgegen der internationalen örtlichen Zuständigkeit eröffnet, bleibt dieses Insolvenzverfahren universell als Hauptinsolvenzverfahren eröffnet. Die Gläubiger haben lediglich die Möglichkeit, die Eröffnung eines Partikularinsolvenzverfahrens in Form eines Sekundarinsolvenzverfahrens im eigenen Mitgliedsstaat zu beantragen, um das in diesem Mitgliedsstaat belegene Vermögen dem nationalen Insolvenzrecht zu unterwerfen.

Im Übrigen sind die Verfahrensbeteiligten bei Fehleinschätzung über die internationale Zuständigkeit auf den nationalen Beschwerdeweg des Mitgliedsstaats des eröffnenden Insolvenzgerichts verwiesen.[292]

Eine Ausnahme hierzu bildet die Regelung des Art. 33 EuInsVO. Diese stellt den sog. „ordre public" dar. Die ordre public-Klausel ist eine Ausnahmeregelung, die einem Mitgliedsstaat ermöglicht, einzelne Entscheidungen aus in einem anderen Mitgliedsstaat eröffneten Hauptinsolvenzverfahren nicht anzuerkennen bzw. nicht zu vollstrecken.[293] Dies ist möglich, soweit die Anerkennung des Hauptinsolvenzverfahrens bzw. die Vollstreckung ergangener Entscheidungen zu einem Ergebnis führt, das mit dem Recht des sich weigernden Mitgliedsstaates offensichtlich unvereinbar ist.

Die ordre public-Regelung soll jedoch nicht zu einer Aushöhlung des internationalen Insolvenzrechts der EuInsVO führen. Die Regelung ist restriktiv zu

---

291 OLG Wien, NZI 2005, 56, 61.

292 Gruber in: Haß/Huber/Gruber/Heiderhoff, EuInsVO, Art. 16, Rn. 9, Paulus, NZI 2007, 367.

293 Smid, Internationales Insolvenzrecht, § 5, Rn. 16.

handhaben.[294] Sie kann nicht dazu dienen, eine nach Meinung des den Einwand des ordre public erhebenden Beteiligten entgegen der Zuständigkeit erfolgte Eröffnung eines Hauptinsolvenzverfahrens in einem anderen Mitgliedsstaat zu revidieren oder zu überprüfen.[295] Hierzu ist nach der Systematik der EuInsVO der Instanzenzug des eröffnenden Mitgliedsstaats zu nutzen.[296] Mit der Regelung des ordre Public sollen die Mitgliedsstaaten vielmehr die Möglichkeit erhalten, die Grundrechte ihrer Bürger vor Entscheidungen und Maßnahmen anderer Mitgliedsstaaten zu schützen bzw. die Vollstreckung zu versagen, soweit diese mit der eigenen Rechtsordnung unvereinbar sind.[297]

Für den Fall einer Fehleinschätzung des eröffnenden Insolvenzgerichts über die Frage der internationalen Zuständigkeit ist nach Ausschöpfung des nationalen Instanzenzuges kein weiteres internationales Rechtsmittel gegeben. Das Hauptinsolvenzverfahren ist daher nach Rechtskraft der Eröffnungsentscheidung endgültig als solches durchzuführen.

Wirtschaftlich besteht für die Beteiligten jedoch die Möglichkeit, in ihrem oder einem anderen Staat Antrag auf Eröffnung eines Sekundärinsolvenzverfahrens zu stellen. Sofern die Eröffnungsvoraussetzungen vorliegen und das Verfahren eröffnet wird, entzieht es dem Hauptinsolvenzverfahren faktisch die im eröffnenden Staat belegene Masse.[298] Diese Vorgehensweise ermöglicht es den Gläubigern, die sich durch erfolgreiches forum shopping des Schuldners benachteiligt fühlen, über das Sekundärinsolvenzverfahren ggf. einfacher auf das im eigenen Staat belegene Vermögen zuzugreifen und an dem Sekundärverfahren näher mitwirken zu können, als an einem regional weit entfernten Hauptinsolvenzverfahren.

294 Thole in: Münchener Kommentar zur Insolvenzordnung, Band 4, Art. 26 EuInsVO, Rn. 8.

295 Schluck-Amend in: NWB Kommentar zum Insolvenzrecht, § 343, Rn. 12; OGH, NZI 2005, 465, 466.

296 Kolmann/Keller in: Gottwald, Insolvenzrechts-Handbuch, §134, Rn. 36; Gruber in: Haß/Huber/Gruber/Heiderhoff, EuInsVO, Art. 26, Rn. 5.

297 Nerlich in: Nerlich/Römermann, InsO, Art. 26 EuInsVO a, F, , Rn. 5; Riedemann in: Pannen, Europäische Insolvenzverordnung, Art. 26, Rn. 4.

298 vgl. Mankowski, NZI 2014, 968.

2.) Fehleinschätzung bei der Eröffnung eines Sekundärinsolvenzverfahrens

a) Internationale Zuständigkeit und Eröffnungsvoraussetzungen

Soweit ein Insolvenzverfahren durch das eröffnende Gericht bewusst nach der bereits erfolgten Eröffnung eines Hauptinsolvenzverfahrens durch das Gericht eines anderen Mitgliedsstaates erfolgt, handelt es sich gem. Art. 3 Abs. 2 S. 1 EuInsVO (bzw. § 356 Abs. 1 S. 1 InsO) um ein Partikularinsolvenzverfahren in Form eines Sekundärinsolvenzverfahrens.

Voraussetzung für die Eröffnung eines Sekundärinsolvenzverfahrens ist zudem, dass in dem Mitgliedsstaat dessen Gericht ein Sekundärinsolvenzverfahren eröffnet, eine Niederlassung des schuldnerischen Unternehmens im Sinne des Art. 2 Nr. 10 EuInsVO belegen ist bzw. dass der Gläubiger ein besonderes Interesse an der Eröffnung geltend macht, § 354 Abs. 2 S. 1 InsO. Zum Vorliegen einer Niederlassung genügt eine dauerhafte wirtschaftliche Aktivität mit einem Mindestmaß an Organisation und Personaleinsatz in dem betreffenden Mitgliedsstaat.[299] Eine Gewinnerzielungsabsicht ist nicht notwendig.[300]

Die nach dem geltenden Insolvenzrecht des eröffnenden Mitgliedsstaates notwendigen Eröffnungsvoraussetzungen für die Durchführung eines Insolvenzverfahrens müssen darüber hinaus nicht erfüllt sein, da durch die bereits erfolgte Eröffnung eines Hauptinsolvenzverfahrens bereits ein universell in allen Mitgliedsstaaten wirkendes Verfahren eröffnet wurde.[301]

Die örtliche Zuständigkeit innerhalb des das Sekundärinsolvenzverfahren eröffnenden Staates richtet sich gem. Art. 4 EuInsVO (bzw. § 354 Abs. 3 InsO) nach nationalem Recht.

Letztlich bedarf es zur Eröffnung eines Sekundärinsolvenzverfahrens nach Art. 3 Abs. 2, 3 EuInsVO eines Antrags auf Eröffnung eines solchen Verfahrens. Gemäß Art. 37 EuInsVO (bzw. 356 Abs. 2 InsO) sind sowohl der Insolvenzverwalter im bereits eröffneten Hauptinsolvenzverfahren sowie jeder Beteiligte nach dem Recht des das Sekundärinsolvenzverfahren eröffnenden Staates antragsberechtigt. Das nationale Recht kann jedoch nicht grundsätzlich ausländische Beteiligte von der Antragstellung ausschließen, da dies eine Benachteiligung

299 AG Deggendorf NZI 2013, 112; Smid, ZInsO 2013, 953, 957 m.w.N.
300 LG Hannover ZIP 2008, 2375, 2376.
301 Delzant in: Braun, InsO, § 356, Rn. 11; Lüer/Knof in: Uhlenbruck, InsO, § 356, Rn. 12.

aufgrund der Staatsangehörigkeit wäre.[302] Berechtigt zur Stellung eines Antrags auf Eröffnung eines Sekundärinsolvenzverfahrens müssen somit faktisch sämtliche Gläubiger sein.[303]

b) Wirkungen der Eröffnung eines Sekundärinsolvenzverfahrens

Die Beschlagnahmewirkung der Eröffnung eines Sekundärinsolvenzverfahrens ist nach Art. 3 Abs. 2 S. 2, 34 S. 3 EuInsVO (bzw. 354 Abs. 1 InsO) auf das im eröffnenden Staat belegene Vermögen des Schuldners begrenzt. Auf die Durchführung des Sekundärinsolvenzverfahrens finden zudem nach Art. 35 EuInsVO die Rechtsvorschriften des dieses Verfahren eröffnenden Mitgliedsstaates sowie die Art. 34 bis 52 EuInsVO Anwendung.

Nach Art. 41 EuInsVO (bzw. 357 InsO) haben die Insolvenzverwalter im Haupt- bzw. Sekundärinsolvenzverfahren gegenseitige Kooperations- und Unterrichtungsverpflichtungen. Die Insolvenzgläubiger können nach Art. 45 Abs. 1 EuInsVO in beiden Insolvenzverfahren ihre Forderungen anmelden. Gemäß Art. 49 EuInsVO (bzw. 358 InsO) ist zudem ein etwaiger Überschuss nach Beendigung des Sekundärinsolvenzverfahrens an den Insolvenzverwalter im Hauptinsolvenzverfahren auszukehren.

Die Eröffnung eines Sekundärinsolvenzverfahrens hat ebenso wie die Eröffnung eines Hauptinsolvenzverfahrens nach Art. 3 Abs. 1 i. V. m. Art. 16 EuInsVO unmittelbare Wirkung in den weiteren Mitgliedsstaaten und suspendiert insoweit die Wirkungen eines etwaig eröffneten Hauptinsolvenzverfahrens.[304] Durch die Eröffnung des Sekundärinsolvenzverfahrens wird die dem Hauptinsolvenzverfahren unterliegende Masse mithin unmittelbar um das im Staat des Sekundärinsolvenzverfahrens belegene Vermögen des Schuldners gemindert. Es wird eine Sondermasse gebildet, auf die der Insolvenzverwalter im Hauptinsolvenzverfahren und somit sowohl die Insolvenzgläubiger als auch die Massegläubiger in dem bereits eröffneten Hauptinsolvenzverfahren keinen Zugriff haben, solange kein Überschuss zugunsten des Hauptinsolvenzverfahrens erwirtschaftet wird.[305] Hierdurch sollen diejenigen Gläubiger, die durch die Begründung von Masseverbindlichkeiten im Sekundärinsolvenzverfahren oder die Anmeldung

302 EuGH, NVwZ 2003, 459 m. w. N.

303 EuGH, NZI 2014, 964, 966; Mankowski, NZI 2014, 968.

304 BGH NJW-RR 2015, 302, 303.

305 Beck, NZI 2006, 609, 610; Beck NZI 2007, 1, 2; Ringstmeier/Homann, NZI 2004, 354, 355.

ihrer Forderungen im Sekundärinsolvenzverfahren an dieser Sondermasse partizipieren, vom Verordnungsgeber bevorzugt werden.[306]

Die Eröffnung eines Sekundärinsolvenzverfahrens stellt mithin eine Durchbrechung der universellen Wirkung des Hauptinsolvenzverfahrens dar. Durch die Eröffnung eines Sekundärinsolvenzverfahrens kann so insbesondere die Begleichung von Masseverbindlichkeiten durch das in dem das Sekundärinsolvenzverfahren eröffnenden Mitgliedsstaat belegene Vermögen des Schuldners vermieden werden.[307]

c) Fehleinschätzung bei der Eröffnung eines Sekundärinsolvenzverfahrens

Soweit der Schuldner in dem das Sekundärinsolvenzverfahren eröffnenden Mitgliedsstaat,

- keine Niederlassung im Sinne des Art. 2 Nr. 10 EuInsVO hat,
- es sich nicht um ein Liquidationsverfahren im Sinne des Art. 3 Abs. 3 S. 2 EuInsVO handelt oder
- der Antrag auf Eröffnung eines Sekundärinsolvenzverfahrens durch einen nicht nach Art. 37 EuInsVO zur Antragstellung berechtigten Beteiligten gestellt wurde,

kann es zur Eröffnung eines Sekundärinsolvenzverfahrens kommen, welches nach materiellem Recht nicht eröffnungsfähig war. Diese Fehleinschätzung führt zur Besserstellung der Masse- und der Insolvenzgläubiger im Sekundärinsolvenzverfahren gegenüber den lediglich am Hauptinsolvenzverfahren partizipierenden Gläubigern. Es wird eine Sondermasse gebildet, welche dem Hauptinsolvenzverfahren vorenthalten bleibt.

Im Falle einer Fehleinschätzung geschieht dies ohne prozessualen bzw. materiell-rechtlichen Grund, so dass die universelle Wirkung des Hauptinsolvenzverfahrens und das diesem Verfahren zuzuführende Vermögen unterlaufen werden.

Ein gesondertes Rechtsmittel gegen die Eröffnung eines Sekundärinsolvenzverfahrens sehen die EuInsVO und die InsO nicht vor, so dass die Verfahrensbeteiligten auf den nationalen Beschwerdeweg des Mitgliedsstaats des das Sekundärinsolvenzverfahren eröffnenden Insolvenzgerichts verwiesen sind.

306 Beck, NZI 2006, 609, 610.

307 Beck a.a.O.;

Es kommt die Regelung des Art. 33 EuInsVO – des ordre public – in Betracht, um einzelne Vollstreckungsmaßnahmen aufgrund offensichtlich mit der öffentlichen Ordnung des sich auf den ordre public berufenden Mitgliedsstaates, nicht einhergehender Folgen nicht anzuerkennen bzw. durchzuführen. Diese Regelung ist jedoch restriktiv zu gebrauchen. Für Fälle des rechtsmissbräuchlichen forum shopping will die deutsche Finanzgerichtsbarkeit durch Rückgriff auf den ordre public jedoch die Anerkennung des ausländischen Insolvenzverfahrens versagen.[308] Aufgrund der vergleichbaren Folgen eines missbräuchlichen forum shopping sowie einer aufgrund gerichtlicher Fehleinschätzung erfolgten Eröffnung entgegen der objektiven Zuständigkeit könnte dieser Weg beschritten werden. Die Erfolgsaussichten sind aufgrund des Hintergrunds des Art. 33 EuInsVO jedoch gering.

Im Übrigen kann der Verwalter des Hauptinsolvenzverfahrens nach Art. 51 EuInsVO lediglich beantragen, dass ein eröffnetes Sekundärinsolvenzverfahren in ein anderes Verfahren nach Art. 2 Nr. 4 EuInsVO (Anhang A) umgewandelt wird, soweit es sich um einen solchen Fall handeln sollte.

3.) Fehleinschätzung bei der Eröffnung eines Partikularinsolvenzverfahrens

a) Internationale Zuständigkeit und Eröffnungsvoraussetzungen

Bereits vor der Eröffnung eines Hauptinsolvenzverfahrens kann nach Art. 3 Abs. 2 – 4 EuInsVO (bzw. § 354 Abs. 1 InsO) ein Partikularinsolvenzverfahren eröffnet werden.

Voraussetzung für die Eröffnung eines Partikularinsolvenzverfahrens ist nach Art. 3 Abs. 2 S. 1 EuInsVO (bzw. § 354 Abs. 1 InsO) wiederum das Vorliegen einer Niederlassung nach Art 2 Nr. 10 EuInsVO auf dem Gebiet des das Partikularinsolvenzverfahren eröffnenden Mitgliedsstaats. Die Wirkungen dieses Verfahrens sind gemäß Art. 3 Abs. 2 S. 2 EuInsVO (bzw. § 354 Abs. 1 InsO) auch im Partikularinsolvenzverfahren auf das im Gebiet des Mitgliedsstaats belegene Vermögen beschränkt.

Weiterhin hat das eröffnende Gericht das Vorliegen von Insolvenzeröffnungsgründen nach dem nationalen Insolvenzrecht zu prüfen.[309] Dies unterscheidet das Partikularinsolvenzverfahren vom Sekundärverfahren, bei dem eine

---

308 BFH ZIP 2016, 2027, 2030.

309 Kindler in: Münchener Kommentar zum BGB, Band 11, Art. 3 EuInsVO, Rn. 74.

Prüfung von Eröffnungsgründen aufgrund der bereits erfolgten Eröffnung eines Hauptinsolvenzverfahrens nicht mehr notwendig ist.

Letztlich muss im Geltungsbereich der EuInsVO eine der Voraussetzungen des Art. 3 Abs. 4 EuInsVO gegeben sein. Nach Art 3 Abs. 4 S. 1 a) EuInsVO ist die Eröffnung eines Partikularinsolvenzverfahrens möglich, sofern die Eröffnung eines Hauptinsolvenzverfahrens in dem Mitgliedsstaat, in dem der Schuldner den Mittelpunkt seiner hauptsächlichen Interessen hat, nicht möglich ist. Gemäß Art. 3 Abs. 4 S. 1 b) i) EuInsVO kann ein Partikularinsolvenzverfahren zudem von einem Gläubiger beantragt werden, dessen Forderung sich aus dem Betrieb einer Niederlassung ergibt oder damit im Zusammenhang steht, die sich im Hoheitsgebiet des Mitgliedstaats befindet, in dem die Eröffnung des Partikularverfahrens beantragt wird. Letztlich ist nach Art. 3 Abs. 4 S. 1 b) ii) der Antrag einer Behörde zulässig, die nach dem Recht des Mitgliedstaats, in dessen Hoheitsgebiet sich die Niederlassung befindet, das Recht hat, die Eröffnung von Insolvenzverfahren zu beantragen.

Sofern nach der Eröffnung des Partikularinsolvenzverfahrens in einem anderen Mitgliedsstaat ein Hauptinsolvenzverfahren nach Art. 3 Abs. 1 EuInsVO eröffnet wird, wird ein bereits eröffnetes Partikularinsolvenzverfahren ipso iure gemäß Art. 3 Abs. 4 S. 2 EuInsVO in ein Sekundärinsolvenzverfahren übergeleitet.

b) Wirkungen der Eröffnung eines Partikularinsolvenzverfahrens

Die Beschlagnahmewirkung der Eröffnung eines Partikularinsolvenzverfahrens ist nach Art. 3 Abs. 2 S. 2, Abs. 4 EuInsVO (bzw. § 354 Abs. 1 InsO) auf das im Gebiet des das Partikularinsolvenzverfahren eröffnenden Staates belegene Vermögen des Schuldners begrenzt.

Durch die Eröffnung eines Partikularinsolvenzverfahrens, welche nach Art. 3 Abs. 2 i. V. m. Art. 16 EuInsVO ebenfalls unmittelbare Wirkung in sämtlichen Mitgliedsstaaten erlangt, wird das in diesem Staat belegende Vermögen des Schuldners einem Insolvenzverfahren zugeführt. Durch die Eröffnung eines Partikularinsolvenzverfahrens haben weder der Schuldner noch die Gläubiger außerhalb des Insolvenzverfahrens Zugriff auf das im Mitgliedsstaat belegene schuldnerische Vermögen. Auch bei späterer Eröffnung eines Hauptinsolvenzverfahrens und Überleitung des Partikularinsolvenzverfahrens in ein Sekundärinsolvenzverfahren nach Art. 3 Abs. 4 S. 2 EuInsVO bleibt eine Sondermasse in dem das Partikularinsolvenzverfahren eröffnenden Staat gebildet, auf welche die Gläubiger sowie der Insolvenzverwalter des Hauptinsolvenzverfahrens keinen Zugriff haben.

c) Fehleinschätzung bei der Eröffnung eines Partikularinsolvenzverfahrens

Soweit der Schuldner in dem das Partikularinsolvenzverfahren eröffnenden Mitgliedsstaat,

- keine Niederlassung im Sinne des Art. 2 Nr. 10 EuInsVO hat,
- eine nach Art. 3 Abs. 4 S. 1 b EuInsVO nicht zur Antragstellung berechtigte Person oder Behörde den Antrag auf Eröffnung eines Partikularinsolvenzverfahrens stellt oder
- auch im das Partikularinsolvenzverfahren eröffnenden Mitgliedsstaat eine Eröffnung des Verfahrens nicht möglich ist,

kann es zur Eröffnung eines Partikularinsolvenzverfahrens kommen, welches nach materiellem Recht nicht eröffnungsfähig war. Hierdurch wird eine grundsätzlich nicht berechtigte Sondermasse gegenüber dem Schuldner bzw. den an einem späteren Hauptinsolvenzverfahren partizipierenden Gläubigern gebildet. Diese Sondermasse bleibt sowohl dem Schuldner als auch den Gläubigern im Hauptinsolvenzverfahren vorenthalten.

Ein gesondertes Rechtsmittel gegen die Eröffnung eines Partikularinsolvenzverfahrens sehen die EuInsVO und die InsO nicht vor, so dass die Verfahrensbeteiligten auf den nationalen Beschwerdeweg des jeweiligen Mitgliedsstaates angewiesen sind. Sobald der Beschluss über die Eröffnung eines Partikularinsolvenzverfahrens rechtskräftig ist, wird dem Schuldner ein Teil seines Vermögens entzogen, obwohl es hierfür keinen materiellen Rechtsgrund gibt. Dies stellt einen Eingriff in die Eigentumsverhältnisse des Schuldners dar.

Ein weiteres Problem ergibt sich, wenn ein Partikularinsolvenzverfahren eröffnet wurde und sich herausstellt, dass es sich bei dem eröffnenden Mitgliedsstaat tatsächlich um den für das Hauptinsolvenzverfahren zuständigen Mitgliedsstaat handelt, der COMI also dort liegt. Sofern zwischenzeitlich ein Hauptinsolvenzverfahren in einem anderen Mitgliedsstaat eröffnet wurde, kommt das Prioritätsprinzip zum Tragen. Eine Überleitung des Partikularinsolvenzverfahrens in ein Hauptinsolvenzverfahren ist trotz der Einheitlichkeit des Insolvenzverfahrens nicht möglich. In diesem Fall wird daher das Partikularinsolvenzverfahren gemäß Art. 3 Abs. 4 S. 2 EuInsVO in ein Sekundärinsolvenzverfahren übergeleitet. Die Überleitung in ein Hauptinsolvenzverfahren wäre aufgrund des bereits eröffneten Hauptverfahrens in einem anderen Mitgliedsstaat unwirksam. Sofern eine solche Überleitung in Unkenntnis dennoch erfolgt, wären Maßnahmen außerhalb des im Mitgliedsstaat belegenen Vermögens mangels rechtlicher Grundlage unwirksam, da sie dem Insolvenzverwalter des Hauptinsolvenzverfahrens vorbehalten sind. Zudem wären die Gläubiger in dem Mitgliedsstaat des Sekundärinsolvenzverfahrens auf dieses Vermögen beschränkt, obwohl es sich eigentlich um den Mitgliedsstaat des COMI handelt. Nach Art. 45 Abs. 1 EuInsVO können die Gläubiger jedoch in dem als Hauptinsolvenzverfahren eröffneten Verfahren ihre Forderungen anmelden. Ein etwaiger Überschuss aus dem Sekundärinsolvenzverfahren wäre an den Verwalter des fälschlicherweise als Hauptverfahren eröffneten Insolvenzverfahrens herauszugeben, Art. 49 EuInsVO.

Durch diese Fehleinschätzung erfolgt mithin eine Reduzierung des eigentlichen Hauptinsolvenzverfahrens auf ein Sekundärinsolvenzverfahren. Die Gläubiger in dem Mitgliedsstaat, in dem eigentlich ein Hauptinsolvenzverfahren hätte eröffnet werden müssen, sind auf das Recht eines anderen Mitgliedsstaates verwiesen, um auch an dem den eigenen Mitgliedsstaat überschreitenden Vermögen teilhaben zu können.

4.) Reform der EuInsVO

Die EuInsVO befand sich jüngst einige Jahre in einem Reformprozess. Am 29.03.2012 hatte die Kommission der europäischen Union dazu aufgefordert, Reformvorschläge für die EuInsVO abzugeben. Am 12.12.2012 hat die Kommission dann einen Vorschlag für die Änderung der EuInsVO vorgelegt und veröffentlicht.[310] Dieser Vorschlag wurde in der Fachwelt diskutiert und an das europäische Parlament und den Rat der europäischen Union zur Erörterung und Annahme weitergeleitet. Am 20.11.2014 legte der Rat der europäischen Union einen geänderten Vorschlag unter Berücksichtigung der Ergebnisse der Verhandlungen mit dem Europäischen Parlament vor.[311] Am 20.05.2015 wurde die Reform vom Europäischen Parlament beschlossen und am 05.06.2015 im Amtsblatt der Europäischen Union veröffentlicht.[312] Die Reform trat gemäß Art. 92 EuInsVO am zwanzigsten Tag nach ihrer Veröffentlichung im Amtsblatt der Europäischen Union in Kraft und ist im Wesentlichen seit dem 26.06.2017 auf alle nach diesem Datum eröffneten Insolvenzverfahren anwendbar. Für

---

310 Vorschlag für eine VERORDNUNG DES EUROPÄISCHEN PARLAMENTS UND DES RATES zur Änderung der Verordnung (EG) Nr. 1346/2000 des Rates über Insolvenzverfahren vom 12.12.2012, COM(2012) 744 final 2012/0360 (COD); abrufbar unter: http://ec.europa.eu/justice/civil/files/insolvency-regulation_de.pdf

311 Addendum vom 20.11.2014, JUSTCIV 285, EJUSTICE 109, CODEC 2225; abrufbar unter: http://data.consilium.europa.eu/doc/document/ST-15414-2014-ADD-1/de/pdf

312 http://eur-lex.europa.eu/legal-content/DE/TXT/PDF/?uri=OJ:JOL_2015_141_R_0002

Handlungen vor Inkrafttreten gilt weiterhin das bisher geltende Recht (Art. 84, 92 EuInsVO).

Zunächst sollen hier die wesentlichen Änderungen dargestellt werden:

Die EuInsVO bezieht nach der Reform auch vorinsolvenzliche Sanierungsverfahren und Eigenverwaltungsverfahren ein. Art. 1 Abs. 1 EuInsVO wurde entsprechend geändert. Hierdurch soll laut europäischer Kommission die Anerkennungsfähigkeit vorinsolvenzlicher Verfahren und Eigenverwaltungsverfahren geregelt werden, so dass die Sanierung nicht mehr durch einzelne ausländische Gläubiger blockiert werden kann, indem sie versuchen, auf das in ihrem Mitgliedstaat belegene Vermögen zuzugreifen. Die sanierungswilligen Auslandsgläubiger werden zudem durch die Einbeziehung dieser Verfahren nicht mehr von einer Mitwirkung abgehalten.[313]

Die Änderung des Art. 1 EuInsVO geht auf einen Anstoß von Großbritannien zurück. Dieser rührt daher, dass der Deutsche Bundesgerichtshof dem Scheme of Arrangement die Anerkennung als Insolvenzverfahren versagt hatte und eine Anerkennung nach EuInsVO aufgrund des Fehlens im dortigen Anhang A nicht in Betracht kam.[314]

In Art. 3 Abs. 1 EuInsVO wird jetzt neben der örtlichen Zuständigkeit auch der Begriff des Centre Of Main Interest (COMI) legal definiert. Als Mittelpunkt der hauptsächlichen Interessen gilt hiernach der Ort, an dem der Schuldner gewöhnlich der Verwaltung seiner Interessen nachgeht und der für Dritte feststellbar ist. Der Verordnungsgeber greift hiermit die Formulierung des europäischen Gerichtshofs aus der Interedil-Entscheidung[315] auf.[316]

In der sog. Interedil-Entscheidung hatte der EuGH über die internationale örtliche Zuständigkeit bei dem Eröffnungsantrag einer italienischen Srl zu entscheiden. Die Interedil Srl wurde nach italienischem Recht mit satzungsgemäßem Sitz in Italien gegründet. 2001 wurde der Sitz nach London (Großbritannien) verlegt und die Gesellschaft im Unternehmensregister von Italien gestrichen. Im Gesellschaftsregister des vereinigten Königreichs wurde die Gesellschaft mit dem Vermerk FC (Foreign Company) eingetragen. Gleichzeitig mit der Sitzverlegung hatte die Interedil Srl verschiedene Transaktionen getätigt, die darin bestanden, dass sie von der britischen Canopus-Gruppe übernommen wurde und Verträge über den Verkauf des Betriebs geschlossen wurden. Einige Monate nach der Verlegung war das Eigentum an der Interedil Srl gehörenden Immobilien in Italien

313 Vorschlag vom 12.12.2012, S. 6f.

314 BGH, NZI 2012, 425; vgl. auch Prager/Keller, NZI 2013, 57, 58.

315 EuGH, Urteil vom 20.10.2011, Rs. C-396/09.

316 Reuß, EuZW 2013, 165, 167.

als Bestandteil des Unternehmens auf die Windowmist Ltd. übertragen worden. Im Juli 2002 sei die Interedil Srl im Gesellschaftsregister des vereinigten Königreichs gelöscht worden. Im Oktober 2003 beantragte eine Gläubigerin bei einem italienischen Gericht die Eröffnung des Insolvenzverfahrens über das Vermögen der Interedil Srl. Die Schuldnerin rügte die Zuständigkeit des Gerichts mit der Begründung, aufgrund der Verlegung des satzungsgemäßen Sitzes in das vereinigte Königreich seien allein die Gerichte dieses Mitgliedsstaats für die Eröffnung des Insolvenzverfahrens zuständig. Im Dezember 2003 beantragte die Interedil Srl daher eine Vorabentscheidung bei der italienischen Gerichtsbarkeit über die Frage der Zuständigkeit. Das Insolvenzgericht in Italien hielt die Einrede der Unzuständigkeit für unbegründet und eröffnete das Insolvenzverfahren nach italienischem Recht, ohne die Vorlageentscheidung abzuwarten. Die Interedil Srl legte gegen diesen Beschluss Beschwerde ein. Diese wurde zurückgewiesen mit der Begründung, die in Art. 3 Abs. 1 Satz 2 EuInsVO aufgestellte Vermutung, dass der Mittelpunkt der hauptsächlichen Interessen dem satzungsgemäßen Sitz entspreche, könne aufgrund verschiedener Umstände als widerlegt angesehen werden, weil sich in Italien Immobilien der Interedil Srl befinden, ein Mietvertrag über zwei Hotelkomplexe und ein Vertrag mit einem Geldinstitut bestünden und die Verlegung des satzungsgemäßen Sitzes im Unternehmensregister in Italien nicht mitgeteilt worden sei. Das mit der Vorlageentscheidung angerufene Gericht legte den Fall dem Europäischen Gerichtshof zur Vorabentscheidung vor. Dieser entschied unter Bezugnahme auf Erwägungsgrund 13 zur Verordnung wörtlich:

„Bei der Bestimmung des Mittelpunkts der hauptsächlichen Interessen einer Schuldnergesellschaft ist dem Ort der Hauptverwaltung dieser Gesellschaft, wie er anhand von objektiven und durch Dritte feststellbaren Faktoren ermittelt werden kann, der Vorzug zu geben. Wenn sich die Verwaltungs- und Kontrollorgane einer Gesellschaft am Ort ihres satzungsmäßigen Sitzes befinden und die Verwaltungsentscheidungen der Gesellschaft in durch Dritte feststellbarer Weise an diesem Ort getroffen werden, lässt sich die in dieser Vorschrift aufgestellte Vermutung nicht widerlegen. Befindet sich der Ort der Hauptverwaltung einer Gesellschaft nicht an ihrem satzungsmäßigen Sitz, können das Vorhandensein von Gesellschaftsaktiva und das Bestehen von Verträgen über deren finanzielle Nutzung in einem anderen Mitgliedstaat als dem des satzungsmäßigen Sitzes der Gesellschaft nur dann als zur Widerlegung dieser Vermutung ausreichende Faktoren angesehen werden, wenn eine Gesamtbetrachtung aller relevanten Faktoren die von Dritten überprüfbare Feststellung zulässt, dass sich der tatsächliche Mittelpunkt der Verwaltung und der Kontrolle der Gesellschaft sowie der Verwaltung ihrer Interessen in diesem anderen Mitgliedstaat befindet;

wird der satzungsmäßige Sitz einer Schuldnergesellschaft verlegt, bevor ein Antrag auf Eröffnung eines Insolvenzverfahrens gestellt wird, wird vermutet, dass sich der Mittelpunkt der hauptsächlichen Interessen dieser Gesellschaft am Ort ihres neuen satzungsmäßigen Sitzes befindet.“

Nach Art. 3 Abs. 1 der reformierten EuInsVO wird bis zum Beweis des Gegenteils vermutet, dass der Mittelpunkt der hauptsächlichen Interessen der Ort des Sitzes ist. Diese Vermutung greift jedoch nicht, wenn der Sitz innerhalb von drei Monaten vor dem Eröffnungsantrag in einen anderen Mitgliedsstaat verlegt wurde. Bei natürlichen Personen wird die Hauptniederlassung als Mittelpunkt der hauptsächlichen Interessen angenommen. Auch hier gilt, dass der Sitz nicht innerhalb von drei Monaten vor dem Antrag auf Eröffnung des Verfahrens in einem anderen Mitgliedsstaat verlegt werden darf. Andernfalls ist die Vermutung hinfällig. Bei nicht selbstständig tätigen natürlichen Personen wird der gewöhnliche Aufenthalt als Mittelpunkt der hauptsächlichen Interessen vermutet, sofern nicht innerhalb von sechs Monaten vor dem Eröffnungsantrag dieser Aufenthalt in einen anderen Mitgliedsstaat verlegt wurde.

Der Verordnungsgeber will mit dieser Legaldefinition des COMI Rechtssicherheit schaffen und dem sogenannten „forum shopping" entgegentreten.[317] Durch die Aufhebung der Vermutung bei der Sitzverlegung drei bis sechs Monate vor Stellung des Insolvenzantrags kommt auch eine zeitliche Komponente in die Regelung. Dies war von Stimmen aus der Literatur gefordert worden.[318]

In Art. 4 EuInsVO wird seit der Reform geregelt, dass das angerufene Insolvenzgericht von Amts wegen seine Zuständigkeit prüft und die eigene Zuständigkeit nach Art. 3 EuInsVO zu begründen hat.

In dem reformierten Art. 5 EuInsVO wird nunmehr ein Rechtsmittel zur Nachprüfung der Entscheidung über die Eröffnung des Hauptinsolvenzverfahrens für den Schuldner und jeden Gläubiger eingefügt. Die internationale Zuständigkeit kann hiermit angefochten werden. Da Art. 5 EuInsVO unmittelbar geltendes Recht darstellt, handelt es sich um ein eigenes Rechtsmittel gegen die Eröffnungsentscheidung. Der hierbei zu beschreitende Instanzenzug bzw. eine notwendige Rechtsmittelfrist sind bisher nicht geregelt. In der Literatur wird befürwortet, das Recht der sofortigen Beschwerde nach § 6 InsO in Verbindung mit §§ 567 ff. ZPO analog anzuwenden.[319]

---

317 Vorschlag vom 12.12.2012, S. 7; Reuß, EuZW 2013, 165.

318 Prager/Keller, NZI 2013, 57, 59.

319 Prager/Keller, NZI 2013, 57, 59; Mankowski in: Mankowski/Müller/J. Schmidt, EuInsVO, Art. 5, Rn. 19.

In dem neu gefassten Art. 6 EuInsVO wird die Zuständigkeit für Annexverfahren geregelt. Es handelt sich um einen einheitlichen internationalen Gerichtsstand für verfahrensbezogene Klagen, die unmittelbar aus dem Insolvenzverfahren nach Art. 3 EuInsVO (Hauptinsolvenzverfahren, Sekundärinsolvenzverfahren und Partikularinsolvenzverfahren) hervorgehen und in engem Zusammenhang damit stehen.[320] Als Beispiel nennt der Verordnungstext Anfechtungsklagen. Die örtliche und die sachliche Zuständigkeit regeln sich weiterhin nach dem Recht des jeweiligen Eröffnungsstaates. Bei der Regelung des Art. 6 EuInsVO handelt es sich um eine internationale örtliche Zuständigkeit, durch die gegebenenfalls andere örtliche Gerichtsstände verdrängt werden, sofern nicht ein ausschließlicher Gerichtsstand gegeben ist.[321]

Fraglich ist, welche Klagen „die unmittelbar aus diesem Verfahren hervorgehen und in engem Zusammenhang damit stehen" unter den neuen Art. 6 EuInsVO fallen. Es bietet sich an, den bisherigen Art. 25 EuInsVO heranzuziehen, da der Wortlaut des neuen Art. 6 EuInsVO den Wortlaut des Artikel 25 Abs. 1 EuInsVO anwendet.[322] Da Art. 6 EuInsVO von Klagen redet, die unmittelbar aus dem Insolvenzverfahren hervorgehen, dürfte es sich insbesondere um solche handeln, die nur vom Insolvenzverwalter oder dem eigenverwaltenden Schuldner erhoben werden können.[323] Dies sind neben der Insolvenzanfechtung, die im Verordnungstext bereits genannt ist, auch die weitere Haftungsrealisation, insbesondere § 88 InsO, § 171 Abs. 2 HGB, § 823 Abs. 2 BGB in Verbindung mit § 15 a InsO oder §§ 283 ff. StGB, § 92 InsO sowie Klagen im Zusammenhang mit § 103 InsO.[324] Sämtliche derartigen Ansprüche setzen gerade die Eröffnung des Insolvenzverfahrens voraus und stehen ausschließlich dem Insolvenzverwalter offen, so dass sie im Sinne des Art. 6 EuInsVO „unmittelbar aus dem Verfahren hervorgehen".

Der reformierte Art. 36 EuInsVO sieht das Recht des Insolvenzverwalters des Hauptinsolvenzverfahrens vor, die Eröffnung eines Sekundärinsolvenzverfahrens in einem anderen Mitgliedsstaat zu vermeiden. Hierfür muss der Verwalter eine einseitige Zusicherung an die Gläubiger in dem von einem potentiellen Sekundärinsolvenzverfahren betroffenen Mitgliedssaat geben. Nach

320 Hänel in: Vallender, EuInsVO, Art. 6, Rn. 43.
321 Hänel in: Vallender, EuInsVO, Art. 6, Rn. 52; Kindler/Saka, EuZW 2015, 460, 466; a.A. Prager/Keller, NZI 2013, 57, 59, die eine ausschließliche Zuständigkeit annehmen.
322 Prager/Keller, NZI 2013, 57, 60.
323 Hänel in: Vallender, EuInsVO, Art. 6, Rn. 57.
324 Prager/Keller, a.a.O.

dieser Zusicherung muss der Insolvenzverwalter des Hauptinsolvenzverfahrens die potentiellen Gläubiger des Sekundärinsolvenzverfahrens so stellen, als wenn ein Sekundärinsolvenzverfahren in ihrem Mitgliedsstaat eröffnet worden wäre. Diese Zusicherung muss ihre sachlichen Grundlagen sowie die in den betroffenen Mitgliedsstaat gelegenen Gegenstände der Masse und die Verwertungsmöglichkeiten nennen.

Hintergrund der Einführung eines solchen sogenannten „virtuellen“ oder „synthetischen“ Sekundärverfahrens ist die Überlegung, dass in einigen Fällen die Eröffnung eines Sekundärverfahrens sich auf die Sanierung des Gesamtunternehmens negativ auswirken kann.[325] Diese Auswirkungen sollen vermieden werden, wobei durch die Zusicherung gleichzeitig die Interessen der einheimischen Gläubiger gewahrt werden sollen.[326] Die durch den Insolvenzverwalter des Hauptinsolvenzverfahrens abgegebene Zusicherung muss von den lokalen Gläubigern im Rahmen einer Gläubigerversammlung des jeweils zuständigen Mitgliedsstaates gebilligt werden, in dem ein Sekundärinsolvenzverfahren hätte eröffnet werden können. Der Insolvenzverwalter des Hauptinsolvenzverfahrens haftet den potentiellen Sekundärinsolvenzverfahrensgläubigern für etwaige Schäden, die aus der Zusicherung im Vergleich zur Eröffnung eines Sekundärinsolvenzverfahrens entstehen. Die lokalen Gläubiger können zudem das Gericht des Hauptinsolvenzverfahrens sowie das für die Eröffnung eines Sekundärinsolvenzverfahrens zuständige Insolvenzgericht anrufen, um die Einhaltung des Inhalts der Zusicherung durch den Insolvenzverwalter sicherzustellen (Art. 36 Nr. 8 und 9 EuInsVO).

In dem reformierten Art. 38 EuInsVO wird das für die Eröffnung des Sekundärinsolvenzverfahrens zuständige Gericht nunmehr verpflichtet, vor seiner Entscheidung den Insolvenzverwalter des Hauptinsolvenzverfahrens anzuhören, um ihm Gelegenheit zur Stellungnahme zu geben. Das Gericht lehnt die Eröffnung des Sekundärinsolvenzverfahrens ab, wenn der Insolvenzverwalter des Hauptinsolvenzverfahrens eine Zusicherung gem. Art. 36 EuInsVO gegeben hat und das Gericht überzeugt ist, dass die Zusicherung das allgemeine Interesse der lokalen Gläubiger angemessen schützt (Art. 38 Nr. 2 EuInsVO). Im reformierten Art. 39 EuInsVO erhält der Insolvenzverwalter des Hauptinsolvenzverfahrens zudem ein Rechtsmittel zur Überprüfung der Entscheidung zur Eröffnung eines Sekundärinsolvenzverfahrens, soweit Art. 38 EuInsVO nicht beachtet wird.

---

325 Mankowski, NZI 2015, 961.

326 Vorschlag vom 12.12.2012, S. 8.

Der reformierte Art. 38 Nr. 3 EuInsVO enthält zudem die Möglichkeit der Aussetzung der Entscheidung über die Eröffnung eines Sekundärinsolvenzverfahrens für einen Zeitraum von zunächst bis zu drei Monaten, wenn geeignete Maßnahmen zum Schutz der Interessen der lokalen Gläubigern bestehen. Das Gericht kann zum Schutz dieser Interessen dem Insolvenzverwalter des Hauptinsolvenzverfahrens geeignete Maßnahmen aufgeben, indem Gegenstände der Masse im eigenen Mitgliedsstaat der Verwertung vorübergehend entzogen werden können. Die Aussetzung kann vom Gericht von Amts wegen oder auf Antrag eines Gläubigers widerrufen werden, wenn Gläubigerinteressen in Gefahr sind. Diese Regelung dient der Unterstützung von Sanierungsverfahren, die nicht durch die Eröffnung von Sekundärinsolvenzverfahren, die auf Liquidation gerichtet sind, konterkariert werden sollen.[327]

Letztlich soll durch die Anhörung des Insolvenzverwalters des Hauptinsolvenzverfahrens sowie Schaffung von Rechtsmitteln eine bessere Kommunikation und Koordination zwischen den Mitgliedsstaaten bzw. den beteiligten Insolvenzgerichten und dem Insolvenzverwalter gewährleistet werden.

In Kapitel IV regelt die EuInsVO nach der Reform das Verfahren bei Unternehmensgruppen, mithin ein sogenanntes Konzerninsolvenzrecht auf internationaler Ebene. Auch die EuInsVO sieht statt einer materiell-rechtlichen Konsolidierung der Verfahren die Schaffung von Kooperations- und Kommunikationsregelungen zur besseren Koordination der Verfahren über Unternehmensgruppen vor.

In Art. 2 Ziff. 13 EuInsVO wird nach der Reform die Unternehmensgruppe dergestalt definiert, dass es sich hierbei um ein Mutterunternehmen und seine sämtlichen Tochterunternehmen handelt. Art. 56 ff. EuInsVO sehen reformiert vor, dass die Insolvenzverwalter der Verfahren derselben Unternehmensgruppe zusammenarbeiten, soweit diese Zusammenarbeit die wirksame Abwicklung der Verfahren erleichtern kann und keine Interessenkonflikte hieraus hervorgehen. Die Form der Zusammenarbeit stellt Art. 56 Nr. 1 EuInsVO frei. In Ziff. 2 wird jedoch die Obliegenheit der Insolvenzverwalter definiert, einander sämtliche Informationen mitzuteilen, die Möglichkeiten einer Koordination zu prüfen und diese bei Vorliegen durchzuführen sowie Möglichkeiten einer gemeinsamen Restrukturierung zu prüfen und abzustimmen. Hierfür können die Insolvenzverwalter nach Art. 56 EuInsVO einem Insolvenzverwalter aus ihrer Mitte

---

327 Vorschlag vom 12.12.2012, S. 8.

zulässige Befugnisse übertragen, soweit derartige Vereinbarungen im Rahmen der geltenden Vorschriften der einzelnen Mitgliedsstaaten zulässig sind.

In Art. 57 der reformierten EuInsVO wird die Zusammenarbeit und Kommunikation der Insolvenzgerichte untereinander geregelt. Die Gerichte werden verpflichtet, zusammenzuarbeiten soweit dies die Verfahrensführung erleichtern kann und keine Interessenkonflikte nach sich zieht. Hierzu können die Gerichte bei Bedarf eine unabhängige Person oder Stelle bestellen und mit der Koordination der Kommunikation beauftragen. Es soll nach Abs. 3 des reformierten Art. 57 EuInsVO insbesondere die Koordination bei der Bestellung von Insolvenzverwaltern sowie die Koordination der Überwachung der Insolvenzmassen erfolgen.

Art. 58 EuInsVO regelt schließlich die Zusammenarbeit und Kommunikation zwischen Insolvenzverwaltern und Gerichten dergestalt, dass der Insolvenzverwalter verpflichtet wird, mit den Gerichten der anderen Mitgliedsstaaten zusammenzuarbeiten, soweit dort ein Insolvenzverfahren über das Vermögen eines anderen Mitglieds derselben Unternehmensgruppe anhängig ist. Er kann dieses Gericht um Informationen über die Verfahren der Unternehmensgruppe ersuchen, soweit hierdurch keine Interessenskonflikte gegeben sind. Art. 59 EuInsVO regelt, dass die hierdurch anfallenden Kosten, Verfahrenskosten sind. Art. 60 EuInsVO gibt dem Insolvenzverwalter über das Vermögen eines Gruppenunternehmens das Recht in den anderen Verfahren der Unternehmensgruppe angehört zu werden. Weiter kann der Verwalter die Aussetzung einer Maßnahme in einem anderen Gruppenverfahren beantragen, sofern ein Restrukturierungsplan vorgeschlagen wurde und dieser durch etwaige Maßnahmen in Gefahr gerät. Letztlich hat der Verwalter eines Gruppenunternehmens das Recht, einen Antrag auf der Aussetzung von Maßnahmen zu stellen, die einen Restrukturierungsplan im Sinne des reformierten Artikel 56 Abs. 2 c) EuInsVO betreffen.

Nach Art. 61 EuInsVO kann ein sogenanntes Gruppen-Koordinationsverfahren beantragt werden. Dieses Verfahren kann von jedem Insolvenzverwalter, der in einem Insolvenzverfahren über das Vermögen eines Mitglieds der Unternehmensgruppe bestellt worden ist, bei jedem der zuständigen Gerichte dieser Gruppe beantragt werden. Dem Antrag ist der Vorschlag bezüglich der Person eines sog. Koordinationsverwalters beizufügen. Weiter muss die vorgeschlagene Gruppen-Koordination inhaltlich und konzeptionell dargelegt werden. Sollten mehrere Anträge auf Durchführung eines Koordinationsverfahrens gestellt werden, gilt nach Art. 62 EuInsVO das Prioritätsprinzip. Das über den Antrag eines Gruppen-Koordinationsverfahrens entscheidende Gericht unterrichtet die in der Unternehmensgruppe bestellten Insolvenzverwalter über den Antrag sowie den vorgeschlagenen Koordinationsverwalter, soweit es sich davon überzeugt hat, dass die Eröffnung eines solchen Verfahrens die wirksame Führung der Insolvenzverfahren erleichtern kann, nicht zu erwarten ist, dass ein Gläubiger eines Gruppenunternehmens finanziell benachteiligt wird und der vorgeschlagene Koordinationsverwalter den gesetzlichen Anforderungen des Art. 71 EuInsVO entspricht.

Die weiteren Insolvenzverwalter können nach Art. 64 EuInsVO Einwände gegen das Gruppen-Koordinationsverfahren erheben. Hat ein Insolvenzverwalter derartige Einwände erhoben, ist nach Art. 65 Ziff. 1 EuInsVO sein Verfahren nicht in das Gruppen-Koordinationsverfahren einzubeziehen. Die Befugnisse des Gerichts im Koordinationsverfahren und die Befugnisse des Koordinationsverwalters haben in diesem Fall keine Wirkung auf das betroffene Verfahren.

Art. 66 EuInsVO regelt die Wahl des zuständigen Gerichts für ein Gruppen-Koordinationsverfahren. Es müssen mindestens 2/3 aller Insolvenzverwalter zustimmen.

Ist ein Koordinationsverwalter gewählt, definiert Art. 72 EuInsVO seine Rechte wie folgt: Er legt Empfehlungen zur Koordination der Verfahren fest, schlägt einen Gruppen-Koordinationsplan vor, der ein umfassendes Paket von Maßnahmen für einen integrierten Ansatz zur Bewältigung der Insolvenz der Gruppenmitglieder festlegt, wobei insbesondere Maßnahmen zur Wiederherstellung der wirtschaftlichen Leistungsfähigkeit und der Insolvenz zu ergreifen sind, gruppeninterne Streitigkeiten beigelegt werden und Vereinbarung zwischen den Insolvenzverwaltern getroffen werden können. Der Koordinationsverwalter kann zudem in den einzelnen Verfahren angehört werden und an jedem Insolvenzverfahren mitwirken; bei Streitigkeiten zwischen den verschiedenen Insolvenzverwaltern vermitteln; Informationen anfordern, wenn diese für die Koordinierung von Nutzen sind und die Aussetzung des Verfahrens über das Vermögen jedes Mitglieds der Gruppe für bis zu 6 Monate beantragen, sofern die Aussetzung notwendig ist, um die ordnungsgemäße Durchführung des Plans sicherzustellen und den Gläubigern das Aussetzen des Verfahrens zugutekäme. Ein solcher Antrag auf Aussetzung ist bei dem Gericht zu stellen, das das Verfahren eröffnet hat, für das die Aussetzung beantragt wird.

Art. 64 EuInsVO gibt den Insolvenzverwaltern die Zusammenarbeit und die Kommunikation mit den Koordinationsverwalter auf. Nach Art. 76 EuInsVO gelten diese Regelungen auch für den Schuldner in der Eigenverwaltung. Die Vergütung des Koordinationsverwalters wird von jedem Mitglied der

Unternehmensgruppe nach dem Anteil der auf das Verfahren entfallenden Aufwendungen getragen, Art. 77 EuInsVO.

5.) Fehleinschätzungen im Rahmen der reformierten EuInsVO

Durch die Reform der EuInsVO wird der Möglichkeit von Fehleinschätzungen hinsichtlich der internationalen Zuständigkeit teils entgegengewirkt. Teilweise eröffnen sich jedoch auch weitreichende Konsequenzen, soweit eine Fehleinschätzung dennoch erfolgt.

Durch die Reformierung des Art. 3 Abs. 1 EuInsVO gilt nunmehr der Sitz als Mittelpunkt der hauptsächlichen Interessen (COMI), bis das Gegenteil bewiesen ist. Dies gilt nicht, wenn bei juristischen Personen in den drei Monaten vor dem Eröffnungsantrag und bei natürlichen Personen, die nicht selbstständig tätig sind, in den sechs Monaten vor dem Eröffnungsantrag, eine Sitzverlegung in den Mitgliedstaat erfolgte. Die Vermutung erschwert die rein argumentative Darstellung eines COMI, ohne dass der Sitz im betreffenden Mitgliedsstaat wäre. Ein in einem anderen Mitgliedsstaat ansässiges Unternehmen kann daher nicht mehr ohne weiteres mit entsprechender Argumentation einen Eröffnungsantrag in einem anderen Mitgliedsstaat stellen. Es hätte den COMI zu beweisen und die Vermutungswirkung des Sitzes in einem anderen Mitgliedsstaat zu überwinden.

Da die Vermutung nicht greift, soweit der Sitz erst innerhalb weniger Monate in den Mitgliedsstaat verlegt wurde, kann die Vermutungswirkung des reformierten Art. 3 Abs. 1 EuInsVO auch nicht durch kurzfristige Sitzverlegungen genutzt werden, um sich der Zuständigkeit des eigenen und eigentlich zuständigen Mitgliedsstaates zu entziehen.

Bei langfristig geplanten Anträgen kann sich die Vermutungswirkung jedoch zunutze gemacht werden, indem der Sitz frühzeitig in den bevorzugten Mitgliedsstaat verlegt wird, ohne dass der Mittelpunkt der hauptsächlichen Interessen dorthin folgt. Durch die Vermutungswirkung dürften Gerichte geneigt sein, ihre örtliche Zuständigkeit auch bei ursprünglich ausländischen Gesellschaften und Schuldnern, ohne weitere Anhaltspunkte nicht wesentlich zu hinterfragen. Soweit der COMI tatsächlich jedoch (noch) in einem anderen Mitgliedsstaat liegt, würde wiederum die Eröffnung eines Hauptinsolvenzverfahrens durch ein international objektiv unzuständiges Insolvenzgericht erfolgen. Dies hätte die bereits dargestellten Wirkungen für die Gläubigergemeinschaft zur Folge.

Die Beteiligten (Schuldner und Gläubiger) haben durch den reformierten Art. 5 EuInsVO ein Rechtsmittel zur Nachprüfung der internationalen Zuständigkeit im Falle der Eröffnung eines Hauptinsolvenzverfahrens. Sofern die Rechtsmittelfrist noch läuft, kann der Gläubiger daher eine Fehleinschätzung angreifen. Dieses Rechtsmittel ist aufgrund der bei geplanten Sitzverlegungen mittels Vermutungswirkung des Art. 3 Abs. 1 EuInsVO unter Umständen vereinfachten Möglichkeit des sogenannten forum shoppings notwendig und sinnvoll. Bei Sekundär- oder Partikularinsolvenzverfahren kommt Art. 5 EuInsVO bereits nach seinem Wortlaut nicht zum Tragen, sodass die Beteiligten im Rahmen der dargestellten Fehleinschätzungen weiterhin auf etwaige nationale Rechtsmittel angewiesen sind.

Durch die Reform der EuInsVO ergeben sich zudem weitere Folgen bei der Eröffnung durch ein international unzuständiges Gericht:

Aufgrund der Zuständigkeitsregelung des Art. 6 EuInsVO für Annexverfahren kann eine Eröffnung entgegen der internationalen Zuständigkeit weitreichende Folgen für mit dem Insolvenzverfahren in Verbindung stehende Klagen und Prozesse haben. Die Fehleinschätzung wirkt sich aufgrund der vorgehenden Wirkung vor anderen nicht ausschließlichen Gerichtsständen unmittelbar auf die ordentliche Gerichtsbarkeit aus, da Aktivprozesse des Insolvenzverwalters in seinem Mitgliedsstaat geführt werden können. Bei einer entgegen der tatsächlichen internationalen Zuständigkeit erfolgten Eröffnungsentscheidung dürfte der Großteil der Gläubiger in einem anderen Mitgliedsstaat, in dem tatsächlich der Mittelpunkt der hauptsächlichen Interessen war oder ist, ansässig sein. Eine Fehleinschätzung entgegen der internationalen örtlichen Zuständigkeit hat in Verbindung mit dem reformierten Art. 6 EuInsVO daher die Folge, dass alle Anfechtungsgegner, sämtliche aufgrund von gesellschaftsrechtlichen oder anderweitigen Ersatzansprüchen Verpflichteten sowie sämtliche Gesellschafter und eine Vielzahl von Vertragspartnern (§ 103 InsO) in einem anderen Mitgliedsstaat und nach dessen insolvenzrechtlichen Regelungen verklagt werden können.

Dieses Zusammenspiel der reformierten Normen der EuInsVO ermöglicht es den handelnden Personen, sich dem lokalen Gläubigereinfluss im eigentlichen Mitgliedsstaat zu entziehen, die Regelungen der durch Sitzverlegung gewählten Insolvenz-Kodifikation nutzbar zu machen und auch den Gerichtsstand etwaiger mit dem Verfahren verbundener Klagen in einem Mitgliedsstaat ihrer Wahl zu verlegen.

Durch die Regelungen der Art. 36 und 38 EuInsVO wird den Gläubigern aus anderen Mitgliedsstaaten potentiell zudem die Chance genommen, ein Sekundärinsolvenzverfahren einzuleiten. Durch geschicktes Handel und/oder geschicktes Einwirken auf den lokalen Insolvenzverwalter ist es dem Schuldner daher unter Umständen möglich, sich den Gläubigern aus seinem ursprünglichen Mitgliedsstaat erheblich zu entziehen. Gleiches gilt bei kollusivem Zusammenwirken der Beteiligten. Hierdurch wäre es den im eigentlich zuständigen Mitgliedsstaat ansässigen Gläubigern aufgrund der Entfernung zum anderen Mitgliedsstaat und der anderen Insolvenz-Kodifikation erheblich erschwert, am Verfahren teilzunehmen oder ein lokales Verfahren durchzuführen. Die eröffnenden Gerichte können dem insoweit entgegenwirken, als sie trotz der Vermutungswirkung des Art. 3 Abs. 1 EuInsVO weiterhin umfassend ermitteln, ob die internationale Zuständigkeit tatsächlich gegeben ist.

G. Eröffnung des Insolvenzverfahrens über das Vermögen nicht mehr existierender Personen

I.) Löschung der schuldnerischen Gesellschaft

1.) Liquidationslose Vollbeendigung einer vormals insolvenzfähigen Gesellschaft

Im deutschen Recht der Personengesellschaften sowie der Personenhandelsgesellschaften kann es bei Eintritt bestimmter Voraussetzungen zu einer liquidationslosen Vollbeendigung somit zum ipso iure Wegfall der Gesellschaft kommen. Soweit dies vor Stellung eines Insolvenzantrages und ohne Bewusstsein der handelnden Personen erfolgt, stellt sich die Frage, inwieweit die Eröffnung eines Insolvenzverfahrens über das Vermögen der beendeten Gesellschaft erfolgen kann bzw. welche Folgen eine Eröffnung des Insolvenzverfahrens über das Vermögen einer nicht mehr existierenden Gesellschaft hat.

Es sind folgende Fälle der liquidationslosen Vollbeendigung in der Praxis denkbar:

- Eine Kommanditgesellschaft wird bei der Eröffnung des Insolvenzverfahrens über das Vermögen der Komplementärin und dem Vorhandensein von nur einer Kommanditistin gem. § 161 Abs. 2 HGB i. V. m. § 131 Abs. 3 S. 1 Nr. 2 HGB ohne Liquidation beendet. Gesamtrechtsnachfolgerin der KG wird die verbliebene Kommanditistin.[328]
- Eine Kommanditgesellschaft erlischt zudem bei Eröffnung des Insolvenzverfahrens über das Vermögen der letzten Kommanditistin.[329] Das Gesellschaftsvermögen fällt sodann der Komplementärin zu.
- Eine offene Handelsgesellschaft wird nach § 131 Abs. 3 S. 1 Nr. 2 HGB bei der Eröffnung des Insolvenzverfahrens über das Vermögen des vorletzten Gesellschafters liquidationslos vollbeendet, wobei das Vermögen bei dem letzten verbliebenen Gesellschafter anfällt.

---

328 BGH WM 2004, 1138.

329 BVerwG, Urteil vom 13.07.2011; 8 C 10. 10.

- Eine Gesellschaft bürgerlichen Rechts wird nach § 728 Abs. 2 BGB bei Eröffnung des Insolvenzverfahrens über das Vermögen eines der Gesellschafter grundsätzlich aufgelöst. In der Praxis werden in den Gesellschaftsverträgen der BGB-Gesellschaften jedoch häufig Klauseln verwandt, wonach die Gesellschaft nicht aufgelöst wird, sondern bei Eröffnung des Insolvenzverfahrens über das Vermögen eines der Gesellschafter dieser – analog zu § 131 Abs. 3 S. 1 Nr. 2 HGB – aus der Gesellschaft ausscheidet. Soweit zu diesem Zeitpunkt nur ein weiterer Gesellschafter vorhanden ist, kommt es jedoch wiederum zur liquidationslosen Vollbeendigung und Anwachsen des Gesellschaftsvermögens beim verbliebenen Gesellschafter.[330]

Im Falle der Auflösung einer offenen Handelsgesellschaft bzw. einer Gesellschaft bürgerlichen Rechts sowie im Falle der Eröffnung des Insolvenzverfahrens über das Vermögen des letzten Kommanditisten einer Kommanditgesellschaft fällt das Gesellschaftsvermögen mithin dem letzten verbliebenen Gesellschafter bzw. dem Komplementär der Kommanditgesellschaft zu. Diese Personen haften aufgrund der jeweils unbeschränkten Haftung ohnehin persönlich für die Verbindlichkeiten der beendeten Gesellschaft.

Im Falle der Eröffnung des Insolvenzverfahrens über das Vermögen der Komplementärin einer Kommanditgesellschaft und dem Verbleiben von nur einem Kommanditisten fällt diesem Kommanditisten das Gesellschaftsvermögen zu. Aufgrund seiner beschränkten Haftung haftet er für Gesellschaftsverbindlichkeiten nur mit dem bei ihm angewachsenen Vermögen der Gesellschaft.[331] Sofern das Insolvenzverfahren über das Vermögen der Kommanditgesellschaft bereits eröffnet ist, geht dieses ohne weiteres in ein Partikularinsolvenzverfahren analog den §§ 315 ff. InsO über.[332]

Mit Urteil vom 15.03.2004 hatte der Bundesgerichtshof folgenden Fall zu entscheiden (BGH ZIP 2004, 1047): Klägerin war eine Bank, die Schadensersatz aus § 826 BGB gegenüber einer Kommanditgesellschaft geltend machte, die durch Ausgabe einer nicht den Tatsachen entsprechenden Verladebestätigung für Schiffsware die Auszahlung einer Akkreditivsumme an eine dritte Gesellschaft erwirkt hatte. Das Landgericht hatte der Schadensersatzklage in Höhe von 229.500 $ stattgegeben. Die Berufung der Beklagten hatte Erfolg. Vor Erlass des zweitinstanzlichen Urteils war das Insolvenzverfahren über das Vermögen der Komplementär-GmbH der Beklagten eröffnet und die Eröffnung über das Vermögen der Beklagten mangels Masse

330 BGH ZIP 2008, 1677, 1678.
331 BGH ZIP 2004, 1047, 1048.
332 OLG Hamm ZIP 2007, 1233, 1238; LG Dresden ZIP 2005, 955, 956.

abgelehnt worden. Mit der Revision vor dem BGH verfolgte die klagende Bank ihre Ansprüche weiter. Der BGH hob das Berufungsurteil auf und verwies die Sache zurück. Die Eröffnung des Insolvenzverfahrens über das Vermögen der Komplementär GmbH führe nicht zur Auflösung der beklagten Kommanditgesellschaft, sondern gem. § 161 Abs. 2, 131 Abs. 3 Nr. 2 HGB zum Ausscheiden der Komplementär-GmbH aus der Beklagten, mit der Folge ihrer liquidationslosen Vollbeendigung unter Gesamtrechtsnachfolge des einzig verbliebenen Kommanditisten. Prozessual seien auf diesen Rechtsübergang während des Rechtsstreits die §§ 239, 246 ZPO sinngemäß anzuwenden, so dass es zur Unterbrechung bis zur Aufnahme durch den Rechtsnachfolger komme. Klarstellend weist der BGH darauf hin, dass der verbliebene Kommanditist für die Verbindlichkeiten der KG nur mit dem ihm zugefallenen Gesellschaftsvermögen hafte.

Ein solches Partikularinsolvenzverfahren kommt auch in Betracht, soweit erst nach der Eröffnung des Insolvenzverfahrens über das Vermögen der Kommanditgesellschaft das Insolvenzverfahren über das Vermögen der Komplementärin eröffnet wird, was ebenfalls zur Vollbeendigung der Kommanditistin führt.[333]

In der Literatur wird teilweise vertreten, die Regelung des § 131 Abs. 3 S. 1 Nr. 2 HGB bei vertikaler oder horizontaler Simultaninsolvenz von Kommanditgesellschaft und Komplementärin bzw. sämtlicher Gesellschafter teleologisch zu reduzieren.[334] Ziel dieser teleologischen Reduktion ist eine konsolidierte Unternehmensabwicklung, welche im Rahmen verflochtener Insolvenzverfahren dem „Unternehmenszusammenbruch" Rechnung trage.[335] Aufgrund des eindeutigen Wortlautes des § 131 Abs. 3 S. 1 Nr. 2 HGB wird dieser Ansicht in der Rechtsprechung jedoch nicht gefolgt.[336]

2.) Folgen der Eröffnung des Insolvenzverfahrens über das Vermögen einer beendeten Gesellschaft

Soweit die liquidationslose Vollbeendigung der Personenhandelsgesellschaft bereits aufgrund der Eröffnung des Insolvenzverfahrens über das Vermögen des vorletzten Gesellschafters erfolgt ist, fällt das Gesellschaftsvermögen automatisch bei dem verbliebenen Gesellschafter an. Ein Eröffnungsbeschluss über das Vermögen einer nicht mehr existierenden Personengesellschaft ist aufgrund ihrer Nichtexistenz nichtig.[337] Die Eröffnung des Insolvenzverfahrens bzw. die

333 VGH Kassel, ZIP 2010, 880, 882.
334 Schmidt ZIP 2008, 2337, 2344.
335 Schmidt, a.a.O.
336 VGH Kassel, a.a.O, 882
337 BGH ZIP 2008, 1677, 1678.

Abwicklung der Verbindlichkeiten der vollbeendeten Gesellschaft müssen über das Vermögen des verbliebenen Gesellschafters – ggf. begrenzt auf das Vermögen der beendeten Gesellschaft – erfolgen. Soweit das Vermögen des verbliebenen Gesellschafters nicht ausreicht, um die Verbindlichkeiten der beendeten Gesellschaft zu decken, hat ggf. die Eröffnung eines Insolvenzverfahrens über sein Vermögen oder die Eröffnung einer Partikularinsolvenz über das ihm zugefallene Gesellschaftsvermögen zu erfolgen.

Soweit jedoch die Eröffnung des Insolvenzverfahrens über das Vermögen einer bereits liquidationslos vollbeendeten Gesellschaft erfolgt, wird aufgrund der Nichtigkeit des Eröffnungsbeschlusses der Insolvenzverwalter nicht wirksam bestellt. Aufgrund der konstitutiven Wirkung des Eröffnungsbeschlusses für sämtliche insolvenzrechtlichen Auswirkungen, würde das Insolvenzverfahren vollständig ohne Rechtsgrundlage durchgeführt werden. Sämtliche Verwertungshandlungen des Insolvenzverwalters sind mithin nicht wirksam.

Prozesse wären zudem nicht durch § 240 ZPO unterbrochen.[338] Es käme aufgrund der liquidationslosen Vollbeendigung vielmehr zu einer Anwendung der §§ 239, 246 ZPO analog.[339]

Wie bei der Eröffnung des Insolvenzverfahrens durch den unzuständigen Rechtspfleger kommen zudem Amtshaftungsansprüche gegen die handelnden Personen in Betracht.[340] Aufgrund der Amtsermittlungspflicht des § 5 InsO hat der Richter am Insolvenzgericht grundsätzlich sämtliche Umstände der Verfahrenseröffnung zu ermitteln. Hierzu dürfte auch die Existenz des Schuldners bzw. eine bereits erfolgte liquidationslose Vollbeendigung zählen. Auch der Insolvenzverwalter kann sich bei einem Verschulden Haftungsansprüchen ausgesetzt sehen. Dies gilt umso mehr, wenn er zuvor als Sachverständiger tätig war und die Eröffnungsvoraussetzungen zu prüfen hatte. Sobald der Insolvenzverwalter mithin feststellt, dass das Insolvenzverfahren über das Vermögen einer nicht existierenden Personengesellschaft eröffnet wurde, hat er dies dem Insolvenzgericht anzuzeigen und bereits vereinnahmtes Gesellschaftsvermögen an den verbliebenen Gesellschafter bzw. den Insolvenzverwalter im Insolvenzverfahren über das Vermögen des verbliebenen Gesellschafters auszukehren.

338 BGH ZIP 2008, 1677, 1678.
339 BGH WM 2004, 1138, 1139.
340 BGH ZIP 1990, 1141.

Fraglich ist zudem, welche Auswirkungen in dem Fall auftreten, in dem der letzte verbliebene Gesellschafter nicht ausreichend (Gesellschafts-)Vermögen besitzt, um sämtliche Verbindlichkeiten der beendeten Gesellschaft tilgen zu können. Soweit es sich bei dem verbliebenen Gesellschafter um eine unbegrenzt haftende natürliche Person handelt, was bei der GbR, der OHG sowie dem Komplementär einer Kommanditgesellschaft der Fall ist, kann die Fehleinschätzung bei der Eröffnung des Insolvenzverfahrens über das Vermögen der Gesellschaft zu folgendem Ergebnis führen:

Bleibt die Fehleinschätzung unentdeckt, wird das Insolvenzverfahren über das Vermögen der beendeten Gesellschaft durchgeführt. Es erfolgt mithin eine quotale Befriedigung der Gesellschaftsgläubiger sowie eine Begleichung der Verfahrenskosten gem. § 54 InsO. Durch die Durchführung dieses Insolvenzverfahrens wird das Gesellschaftsvermögen mithin vollständig verwertet. Da tatsächlich jedoch das Gesellschaftsvermögen sowie die Gesellschaftsverbindlichkeiten bei dem letzten verbliebenen Gesellschafter angefallen sind, haftet dieser weiterhin persönlich für die Verbindlichkeiten der Gesellschaft. Die quotale Befriedigung wäre zwar in Abzug zu bringen, reicht jedoch nicht aus, um sämtliche Verbindlichkeiten zu tilgen. Zudem wäre das ausgekehrte Gesellschaftsvermögen zu Lasten des weiterhin haftenden Gesellschafters um die Verfahrenskosten des Insolvenzverfahrens über das Vermögen der Gesellschaft gemindert.

Wäre die Fehleinschätzung bei der Eröffnung des Insolvenzverfahrens über das Vermögen der beendeten Gesellschaft nicht erfolgt, wäre die Abwicklung der Gesellschaftsverbindlichkeiten mithin über das Vermögen des verbliebenen Gesellschafters erfolgt. Soweit das Gesellschaftsvermögen sowie das Vermögen des Gesellschafters hierzu nicht ausreichen, hätte der Gesellschafter die Eröffnung des Insolvenzverfahrens über sein Vermögen verbunden mit dem Antrag auf Erteilung der Restschuldbefreiung stellen können. Aufgrund der unentdeckten Fehleinschätzung durch die Eröffnung des Insolvenzverfahrens über das Vermögen der beendeten Gesellschaft konnte dies jedoch noch nicht erfolgen, so dass der Gesellschafter faktisch auf den Verbindlichkeiten sitzen bleibt. Sofern dies zu einem späteren Zeitpunkt entdeckt wird, ist dem persönlich haftenden Gesellschafter zwar nicht die Möglichkeit der Stellung eines Eigenantrages auf Eröffnung des Insolvenzverfahrens, verbunden mit dem Antrag auf Erteilung der Restschuldbefreiung genommen, diese wäre jedoch zeitlich stark verzögert.

II.) Tod des Schuldners

1.) Tod des Schuldners im Insolvenzverfahren

Das Nachlassinsolvenzverfahren nach den §§ 315 ff. InsO dient grundsätzlich dem Zweck, die Haftung der Erben auf den Nachlass zu begrenzen sowie zugunsten der Nachlassgläubiger einen Zugriff der Eigengläubiger der Erben auf den Nachlass zu verhindern.[341]

Die Eröffnung des Nachlassinsolvenzverfahrens setzt nach § 317 Abs. 1 InsO den Antrag einer dort bezeichneten berechtigten Person voraus. Hierbei handelt es sich um jeden Erben, einen Nachlassverwalter oder anderen Nachlasspfleger, einen Testamentsvollstrecker und jeden Nachlassgläubiger. Sofern nicht alle Erben den Antrag stellen, muss der Eröffnungsgrund nach § 317 Abs. 2 InsO glaubhaft gemacht werden. Gemäß § 320 InsO sind Überschuldung sowie Zahlungsunfähigkeit als auch drohende Zahlungsunfähigkeit bei einem Antrag auf Eröffnung des Nachlassinsolvenzverfahrens durch einen Erben bzw. den Nachlasspfleger Eröffnungsgründe. In der Konkursordnung stellte lediglich die Überschuldung einen Eröffnungsgrund dar.[342] Durch Einführung der Insolvenzordnung wurden auch drohende Zahlungsunfähigkeit sowie bereits eingetretene Zahlungsunfähigkeit als zulässige Eröffnungsgründe definiert, um einen Gleichlauf mit dem Regelinsolvenzverfahren herbeizuführen.[343] Zudem sollte die Möglichkeit der zusätzlichen Antragsgründe eine frühere Antragstellung herbeiführen, um das Nachlassvermögen zugunsten der Nachlassgläubiger frühzeitig zu sichern.[344]

Sofern der Tod des Erblassers erst nach Stellung eines Insolvenzantrags über sein Vermögen eintritt, stellt sich die Frage, was mit dem bereits beantragten bzw. eröffneten Verfahren erfolgt.

a) Tod des Schuldners im eröffneten Insolvenzverfahren

Ein bereits eröffnetes Regelinsolvenzverfahren wird bei Eintritt des Erbfalls nach Eröffnung des Verfahrens unmittelbar in ein Nachlassinsolvenzverfahren im Sinne der §§ 315 ff. InsO übergeleitet.[345] Dies gilt nach der Rechtsprechung des Bundesgerichtshofs sowie eines Teils der Literatur sowohl bei

341 Joachim, Die Haftung des Erben für Nachlassverbindlichkeiten, Rn. 309.
342 Roth, ZInsO 2009, 2265, 2268.
343 Lüer/Weidmüller in: Uhlenbruck, InsO, § 320, Rn. 1.
344 Hüsemann, Das Nachlassinsolvenzverfahren, S. 39.
345 BGH NZI 2008, 382; BGHZ 157, BGHZ Band 157 Seite 350 [BGHZ Band 157 Seite 354.

Regelinsolvenzverfahren die im Wege der Verfahrenskostendeckung, als auch bei Regelinsolvenzverfahren die im Wege der Stundung der Verfahrenskosten eröffnet worden sind.[346] Teile der Literatur befürworten diese Überleitung lediglich für Verfahren, in denen eine Verfahrenskostendeckung vorhanden ist.[347]

b) Tod des Schuldners im Restschuldbefreiungsverfahren

Soweit sich der Schuldner bei seinem Tode aufgrund der bereits erfolgten Beendigung des Insolvenzverfahrens im Restschuldbefreiungsverfahren befindet, erfolgt die Einstellung des Verfahrens nach § 299 InsO analog.[348] Das Ziel des Restschuldbefreiungsverfahrens – die Erteilung der Restschuldbefreiung für eine natürliche Person – ist durch den Erbfall nicht mehr zu erreichen. Da das Insolvenzverfahren bereits beendet wurde, kommt auch eine Überleitung in das Nachlassinsolvenzverfahren nicht mehr in Betracht, sodass eine Einstellung nach § 299 InsO analog zu erfolgen hat.[349]

Sollte der Tod des Schuldners nach Abschluss des Restschuldbefreiungsverfahrens jedoch vor Entscheidung über die Erteilung der Restschuldbefreiung erfolgen, stellt sich noch die Frage, inwieweit das Recht auf Erteilung der Restschuldbefreiung vererbt und auf die Erben übergeht.[350]

c) Tod des Schuldners vor Eröffnung des Insolvenzverfahrens

Im Rahmen der hier zu untersuchenden Frage, inwieweit die Eröffnung eines Insolvenzverfahrens über das Vermögen eines nach Antragstellung jedoch vor Eröffnung des Insolvenzverfahrens verstorbenen Schuldners sich auf die Entscheidung über die Eröffnung auswirkt, soweit die Beteiligten nicht von einem Erbfall ausgehen, sind zwei Fallgruppen zu unterscheiden:

Handelt es sich bei dem im Eröffnungsverfahren eintretenden Erbfall um einen Fremdantrag auf Eröffnung des Insolvenzverfahrens, wird das Verfahren nach einhelliger Auffassung unmittelbar in ein Nachlassinsolvenzverfahren übergeleitet und dann ggf. als solches eröffnet.[351] Dies soll auch bei einem

---

346 BGH NZI 2008, 382, 383; Heyrath/Jahnke/Kühn, ZInsO 2007, 1202, 1204f.

347 Schmerbach, InsbürO 2009, 251, 254.

348 BGH ZInsO 2005, 597, 598; Schmerbach, a.a.O.; Heyrath/Jahnke/Kühn, a.a.O, 1206.

349 Schmerbach, a.a.O.; Heyrath/Jahnke/Kühn, a.a.O, 1206f.

350 Büttner, ZInsO 2013, 588, m.w.N.

351 BGH ZInsO 2004, 270, 271; Schmerbach, a.a.O, 253; Heyrath/Jahnke/Kühn, a.a.O, 1203.

Eröffnungsverfahren gelten, welches sich nach den §§ 304 ff. InsO richtet.[352] Nach Ansicht des Bundesgerichtshofs ist dies auch der Fall, soweit sich das Verbraucherinsolvenzverfahren noch im Stadium der Schuldenbereinigung befindet.[353] Teilweise wird auch vertreten, dass dem antragstellenden Gläubiger u. a. aufgrund des nicht mehr zu erwartenden Neuerwerbs nach § 35 Abs. 2 InsO und der Qualifizierung der Antragsforderung als Nachlassforderung, die Gelegenheit zur Rücknahme oder der Umstellung auf ein Nachlassverfahren zu geben ist.[354]

Die Beurteilung des zweiten möglichen Falls, dass also der einen Eigenantrag stellende Schuldner im Laufe des Eröffnungsverfahrens verstirbt, ist umstritten. Nach Ansicht des Bundesgerichtshofs wird das Insolvenzverfahren ebenfalls ohne jegliche Zäsur bzw. Einschränkung in ein Nachlassinsolvenzverfahren umgewandelt.[355] Teile der Literatur gehen jedoch davon aus, dass das Verfahren nach § 4 InsO i.V.m. § 239 ZPO unterbrochen ist und es einer Aufnahme durch den oder die Erben bedarf.[356] Aufgrund der Eilbedürftigkeit des Insolvenzantragsverfahrens wird diese Unterbrechung vom Bundesgerichtshof abgelehnt.[357] Auch in der Literatur wird eine Anwendbarkeit der Regelungen des § 239 ZPO aufgrund der Eilbedürftigkeit des Eröffnungsverfahrens losgelöst von der hier zu beurteilenden Frage sonst nicht gesehen.[358] Es wird daher für die weitere Betrachtung davon ausgegangen, dass der Tod des Schuldners sowohl beim Fremd- als auch beim Eigenantrag zur unmittelbaren Überleitung in ein Eröffnungsverfahren nach den §§ 315 ff. InsO führt.

2.) Folgen der Eröffnung des Regel- bzw. Verbraucherinsolvenzverfahrens über das Vermögen eines nach Antragstellung verstorbenen Schuldners

Soweit das Insolvenzgericht das Insolvenzverfahren als Regel- bzw. Verbraucherinsolvenzverfahren und nicht als Nachlassverfahren eröffnet, da es den Erbfall (noch) nicht kennt, stellt sich die Frage, welche Auswirkungen dies für die Verfahrensbeteiligten hat.

---

352 BGH NZI 2008, 382, 383.

353 BGH a.a.O.

354 Siegmann in: Münchener Kommentar zur Insolvenzordnung, Band 3, Vor §§ 315 – 331, Rn. 4; LG Hamburg, NZI 2016, 743, 744.

355 BGH a.a.O.

356 Schmerbach, a.a.O, 253; Heyrath/Jahnke/Kühn, a.a.O, 1203f.

357 BGH a.a.O.

358 Ganter/Lohmann in: Münchener Kommentar zur Insolvenzordnung, Band 1, § 4, Rn. 15; Rüther in: HambKomm-InsO, § 4, Rn.57; Baumert in: Braun, InsO, § 4, Rn. 34 ff.

Da sowohl im Regelinsolvenzverfahren als auch im Verbraucherinsolvenzverfahren die gleichen Eröffnungsgründe wie im Nachlassinsolvenzverfahren vorausgesetzt werden und aufgrund der bereits erfolgten Antragstellung auch der notwendige Insolvenzantrag vorliegt, ergeben sich keine unmittelbaren negativen Auswirkungen, die zur Nichtigkeit des Eröffnungsbeschlusses führen könnten.

Die sachliche und funktionelle Zuständigkeit ist im Nachlassverfahren die Gleiche wie im Regel- und im Verbraucherinsolvenzverfahren. Das Gericht entscheidet durch den Richter über die Eröffnung.[359] Nach § 316 InsO ist örtlich das Gericht am letzten Wohnsitz des Erblassers zuständig, wenn nicht der Mittelpunkt einer selbstständigen Tätigkeit des Erblassers an einem anderen Sitz lag. Dies dürfte sich mit der Regelung des § 3 InsO für das Regel- bzw. Verbraucherinsolvenzverfahren decken, sodass durch die Fehleinschätzung keine Verschiebung stattfindet, die zu etwaigen Nichtigkeitsgründen führen könnte.

In materieller Hinsicht ergeben sich durch die Eröffnung des Regel- oder Verbraucherinsolvenzverfahrens über das Vermögen einer im Antragsverfahren verstorbenen Person praktisch nur geringe Unterschiede. Der Abschluss eines Insolvenzplans ist auch in der Nachlassinsolvenz möglich.[360] Ein vorbereiteter Plan könnte daher selbst in dem wohl theoretischen Fall wirksam bestätigt werden, in dem der Tod des Schuldners unbekannt bleibt und die Regelungen des Plans dem nicht faktisch entgegenstehen.

Hat der antragstellende Schuldner vor seinem Ableben jedoch die Eigenverwaltung beantragt, dürfte eine Anordnung dieser nicht mehr in Frage kommen. Zwar ist auch die Eigenverwaltung im Nachlassinsolvenzverfahren grundsätzlich möglich, wenn sämtliche Erben diese beantragen.[361] Jedoch ist beim Tod des eigenverwaltenden Schuldners in eine Regelverwaltung überzuleiten und ein Insolvenzverwalter zu bestellen.[362] Die Eröffnung des Verfahrens in Eigenverwaltung bei einer im Antragsverfahren verstorbenen Person geht daher ins Leere und wäre unwirksam. Da der Schuldner nach seinem Tod jedoch als Eigenverwalter keine Rechtshandlungen mehr vornehmen kann, besteht praktisch nicht die Gefahr der Vornahme unwirksamer (Verwertungs-)Handlungen. Der

359 Andres in: Andres/Leithaus, InsO, § 315, Rn. 1, § 2, Rn. 2.

360 Eidenmüller in: Münchener Kommentar zur Insolvenzordnung, Band 3, § 217, Rn. 49.

361 Siegmann in: Münchener Kommentar zur Insolvenzordnung, Band 3, Vor §§ 315 – 331, Rn. 9.

362 Siegmann, a.a.O.; Bauch in: Braun, InsO, § 315, Rn. 19.

Sachwalter rückt nicht automatisch in die Stellung des Insolvenzverwalters ein; es bedarf vielmehr der gerichtlichen Bestellung eines Insolvenzverwalters.[363] Da der Schuldner jedoch nicht mehr als Eigenverwalter fungieren kann, stellt sich die Frage, ob der Sachwalter weiterhin als solcher agieren darf. Aufgrund der passiven Stellung des Sachwalters kommen lediglich die Aufnahme und Prüfung der zur Insolvenztabelle angemeldeten Forderungen nach § 283 InsO i. V. m. §§ 174 ff. InsO sowie die Anfechtung nach § 280 InsO i. V. m. §§ 129 ff. InsO als potentielle Handlungen ohne ausreichende Ermächtigung in Betracht. Die Haftungsrealisation nach § 280 InsO i. V. m. §§ 92, 93 InsO kommt bei Verfahren über das Vermögen natürlicher Personen nicht in Betracht. Die Aufnahme der Forderungsanmeldungen zur Insolvenztabelle dürfte keine ernsthafte Problematik darstellen. Spätestens zum Berichts- und/oder Prüfungstermin wird der Tod des Schuldners auffallen, da er nach §§ 281 InsO die Verzeichnisse zu erstellen hat.

Wenn der Sachwalter jedoch unmittelbar nach Eröffnung des Verfahrens und vor der Kenntnis vom Ableben des Schuldners Anfechtungsansprüche geltend macht und ggf. durchsetzt, handelt er aufgrund eines Eröffnungsbeschlusses der materiell falsch ist. Die Anfechtung unmittelbar nach Eröffnung des Verfahrens ist in der Eigenverwaltung nicht unüblich. Häufig werden im Insolvenzantragsverfahren noch Zahlungen auf die Arbeitnehmeranteile unter dem Vorbehalt der Anfechtung an Sozialversicherungsträger geleistet, um eine Haftung des Schuldners aus unerlaubter Handlung (§ 266a StGB) zu vermeiden.[364] Um die Liquidität wieder herzustellen, erklärt der Sachwalter die Anfechtung der ihm aus dem Antragsverfahren bereits bekannten Ansprüche. Ist der Schuldner zwischenzeitlich verstorben, muss das Insolvenzgericht einen Insolvenzverwalter bestellen, dem dann aus den §§ 129 ff. InsO das Anfechtungsrecht zusteht. Der Sachwalter handelt daher ohne wirksame gesetzliche Grundlage. Da der Sachwalter die Erlöse aus den Anfechtungsansprüchen jedoch zur vermeintlich noch vom Schuldner verwalteten Masse zieht und dieser nicht mehr darüber verfügen kann, dürfte keine besonders hohe Haftungsgefahr bestehen. Die Erlöse können vom Sachwalter nach entsprechender Beschlussfassung entweder als Insolvenzverwalter in Besitz genommen oder an den neu bestellten Insolvenzverwalter ausgekehrt werden. Die Leistung der Anfechtungsgegner an die Masse ist auch bei einem nicht mehr existierenden Schuldner möglich und wird durch die Geltendmachung der Anfechtung seitens des Sachwalters nicht beeinträchtigt.

363 Bauch, a.a.O.

364 Buchalik/Kraus, ZInsO 2014, 2354, 2356.

Ein weiterer Unterschied zwischen dem Verbraucher- oder Regelinsolvenzverfahren und dem Nachlassinsolvenzverfahren liegt in der Person des Schuldners. Bei Verbraucher- und Regelinsolvenzverfahren ist dies die Person über deren Vermögen das Verfahren eröffnet wird. Beim Nachlassinsolvenzverfahren ist der Erbe der Schuldner.[365] Wird das Insolvenzverfahren nach dem Tod des Schuldners unmittelbar in ein Nachlassinsolvenzverfahren übergeleitet, findet sich der gesetzliche Erbe automatisch als Schuldner in einem Insolvenzverfahren wieder. Hiermit einher geht das Stigma der Insolvenz, mit dem der Name des Erben verbunden wird. Es wird daher vertreten, dem Erben nach dem Tod des Schuldners im Antragsverfahren die Möglichkeit zur Entscheidung über das Aufrechterhalten des Antrags des Erblassers und zur Beseitigung der Überschuldung/Zahlungsunfähigkeit aus eigenen Mitteln zu geben.[366] Erfolgte die Eröffnung des Verfahrens jedoch bereits in Unkenntnis des Erbfalls zunächst als Regel- oder Verbraucherinsolvenzverfahren, erhält der Erbe diese Möglichkeit nicht mehr und muss selbst bei Beseitigung der Insolvenzgründe nach Eröffnung mit dem Makel der Insolvenz umgehen. Zudem bedarf es für den Erben nach der Eröffnung wesentlich höherer Mittel, um die Insolvenz zu überwinden, da die Masseverbindlichkeiten nach § 54 InsO in Form der Gerichtskosten und der Vergütung des Insolvenzverwalters zu den Passiva hinzutreten.

Im Verbraucherinsolvenzverfahren bzw. vereinfachten Verfahren nach den §§ 304 ff. InsO konnten sich bei vor dem 01.07.2014 beantragten Verfahren weitere Unterschiede aus den §§ 313 bzw. 314 InsO a. F. ergeben. An dieser Stelle zeigt sich eine früher wesentliche materiell-rechtliche Folge bei der Fehleinschätzung über die Existenz des Schuldners, über dessen Vermögen ein Verbraucherinsolvenzverfahren nach den §§ 304 ff. InsO eröffnet wird:

Der Bundesgerichtshof geht in seiner Entscheidung vom 21.02.2008 davon aus, dass durch die alternativen Verfahrensarten von Regel- und Verbraucherinsolvenzverfahren, der Treuhänder auch nach Überleitung in ein Nachlassinsolvenzverfahren lediglich die Treuhändervergütung geltend machen kann und weiterhin den Beschränkungen des § 313 Abs. 2 und 3 InsO unterliegt.[367] Wenn dem so ist, kann die uneingeschränkte Überleitung des Verbraucherinsolvenzverfahrens in ein allgemeines Nachlassinsolvenzverfahren nach den §§ 315 ff. InsO jedoch gerade nicht erfolgen, soweit das Gericht bei Eröffnung des Verfahrens von einem Verbraucherinsolvenzverfahren ausging und einen Treuhänder

365 Lüer/Weidmüller in: Uhlenbruck, InsO, § 315, Rn. 11.
366 Siegmann a.a.O., Rn. 4; Fridgen, NZI 2016, 744, 745.
367 BGH NZI 2008, 382, 384.

bestellte. Der Treuhänder hat den Beschränkungen des § 313 InsO a. F. und der hiermit verbundenen eingeschränkten Verfahrensabwicklung unterlegen, sodass er ein Nachlassinsolvenzverfahren nicht vollumfänglich hätte durchführen können. Zwar geht der Bundesgerichtshof davon aus, dass „das Insolvenzgericht durch die Rechtskraft des Eröffnungsbeschlusses nicht gehindert sei, den Treuhänder nachträglich zum Insolvenzverwalter zu ernennen, weil der nach Verfahrenseröffnung eingetretene Tod des Schuldners eine neue, nicht durch die Rechtskraft präkludierte Tatsache bildet“.[368]

Diese neue Tatsache ist im Fall des Todes des Schuldners im Eröffnungsverfahren jedoch bei der Entscheidung über die Eröffnung bereits eingetreten, sodass die Eröffnungsentscheidung in diesem Fall präkludiert sein dürfte. Die Präklusion hängt gerade nicht an der Kenntnis des Insolvenzgerichts vom Erbfall. Wäre dies der Fall, könnte auch die Eröffnung des Verbraucherinsolvenzverfahrens über das Vermögen eines objektiv unter das Regelinsolvenzverfahren fallenden Schuldners nachträglich durch Ernennung des Treuhänders zum Insolvenzverwalter geheilt werden. Dies wird bei bereits eingetretener Rechtskraft des Beschlusses jedoch abgelehnt.[369]

---

368 BGH a.a.O.

369 BGH NZI 2008, 382, 384; BGHZ 113, 216, 218; LG Hannover, Beschluss v. 07.04.2010, Az.: 20 T 19/10.

H. Ergebnisse

Das deutsche wie das internationale Insolvenzrecht knüpfen hinsichtlich der Eröffnungsvoraussetzungen an die Person des Insolvenzschuldners an. Alternativ nebeneinander stehende Verfahrensarten machen die Ermittlung der Eröffnungsvoraussetzungen ebenso notwendig wie die Frage der örtlichen Zuständigkeit.

Der deutsche Insolvenzrichter hat nach Eingang des Insolvenzantrags im Wege der Amtsermittlung die verfahrensrelevanten Umstände zu ermitteln und auf dieser Grundlage die Entscheidung über den Antrag zu treffen. Hierbei hat er derzeit aufgrund der ausschließlichen Entscheidungskompetenz über Insolvenzanträge nicht die funktionelle Zuständigkeit, jedoch die örtliche Zuständigkeit sowie die statthafte Verfahrensart zu prüfen. Darüber hinaus ist es maßgeblich, ob der Antragsteller noch existent und somit insolvenzfähig ist.

Bei der Abgrenzung der alternativ nebeneinander stehenden Verfahren Regelinsolvenz und Verbraucherinsolvenz ist auf die Voraussetzungen des § 304 InsO abzustellen und gegebenenfalls der Sonderfall eines Verbraucherinsolvenzverfahrens als einschlägige Verfahrensart zu ermitteln. Wesentliches Abgrenzungskriterium ist die selbstständige wirtschaftliche Tätigkeit, die in der Person des Schuldners vorliegen oder vorgelegen haben und nachwirken muss. Bei einem beschränkten Antrag ist dem Antragsteller gegebenenfalls die Umstellung der Verfahrensart zu ermöglichen, andernfalls ist der Antrag abzuweisen. Bei einem unbeschränkten Antrag ist die Verfahrensart zu ermitteln und in dieser zu eröffnen, wenn die übrigen Eröffnungsvoraussetzungen vorliegen.

Erfolgt eine Fehleinschätzung bei der Abgrenzung dieser Verfahrensarten, ergaben sich für Verfahren deren Antrag vor dem 01.07.2014 gestellt wurde, teils erhebliche insolvenzrechtliche Folgen durch die §§ 311 ff. InsO. Neben dem Entfallen eines Berichtstermins und lediglich auszugsweise erfolgenden Bekanntmachungen verlängerte sich die Frist des § 88 InsO von einem auf drei Monate und die Regelungen über den Insolvenzplan und Eigenverwaltung waren nicht anwendbar. Statt eines Insolvenzverwalters wurde ein Treuhänder bestellt, der eine andere Vergütung erhält und der nicht ohne weiteren Beschluss der Gläubiger zur Anfechtung berechtigt ist. Es ist in diesen Verfahren zudem möglich, die Verwertung von Vermögensgegenständen durch eine Zahlung des Schuldners zu ersetzen, während die absonderungsberechtigten Gläubiger ihre Sicherheiten ohnehin selbst zu verwerten hatten.

Für Verfahren, deren Antrag ab dem 01.07.2014 gestellt wurde, sind wesentliche insolvenzrechtliche Folgen einer Fehleinschätzung im Verbraucherinsolvenzverfahren, die fehlende Möglichkeit der Eigenverwaltung und die weiterhin bestehende Notwendigkeit eines erfolglosen Versuchs der außergerichtlichen Schuldenbereinigung. Weiter wirkt sich eine Fehleinschätzung zwischen den Verfahrensarten in beide Richtungen noch immer durch eine andere Kostenbelastung bei der Vergütung des Insolvenzverwalters aus.

Neben diesen insolvenzrechtlichen Folgen bei der Fehleinschätzung über die statthafte Verfahrensart kann es bei arbeitsgerichtlichen Prozessen zu Unterschieden bei der Unterbrechungswirkung nach § 240 S. 1 ZPO kommen, da lediglich bei Verbraucherinsolvenzverfahren die mangelnde Unterbrechung ausentschieden ist.

Es ergeben sich zudem steuerrechtliche Folgen, da im fälschlicherweise eröffneten Verbraucherinsolvenzverfahren die eigentlich gegebene Umsatzsteuerzahlpflicht nicht bemerkt würde. Dies führt auch zur fehlenden Möglichkeit, Vorsteuererstattungsansprüche zu realisieren.

Die Strafverfolgungsbehörden sind bei Regelinsolvenzverfahren besser informiert, sodass der fälschlicherweise im Verbraucherinsolvenzverfahren befindliche Schuldner der Strafverfolgung eher entgehen kann als bei Verfahrenseröffnung in der Regelinsolvenz.

Für den Fall, dass die ursprünglich durch Referentenentwurf eines Gesetzes zur Verkürzung des Restschuldbefreiungsverfahrens, zur Stärkung der Gläubigerrechte und zur Insolvenzfestigkeit von Lizenzen geplante Zuständigkeitsverschiebung für die Eröffnung von Verbraucherinsolvenzverfahren vom Richter auf den Rechtspfleger vom Gesetzgeber noch umgesetzt wird, ergeben sich erhebliche Probleme: Sofern ein unter das Regelinsolvenzverfahren fallender Schuldner durch Eröffnungsbeschluss des Rechtspflegers dem Verbraucherinsolvenzverfahren zugeordnet würde, wäre der Beschluss mangels funktioneller Zuständigkeit des Rechtspflegers nach § 8 Abs. 4 S. 1 RPflG unwirksam. Die Bestellung des Verwalters wäre wirkungslos und seine Verwertungshandlungen würden ohne Rechtsgrund erfolgen. Bei einer verschuldeten Fehleinschätzung über die statthafte Verfahrensart kämen Amtshaftungsansprüche in Betracht. Auf internationaler Ebene hätte diese Fehleinschätzung ebenfalls Unwirksamkeit zur Folge. Die vollständige Übertragung der funktionellen Zuständigkeit für die Eröffnung von Verbraucherinsolvenzverfahren auf den Rechtspfleger ist aufgrund der Gefahr dauerhafter Unwirksamkeit von Eröffnungsbeschlüssen in der bisher vorgelegten Form daher nicht durchführbar.

Neben der von Amts wegen zu prüfenden Frage der statthaften Verfahrensart hat der Insolvenzrichter die örtliche Zuständigkeit in nationaler und internationaler Hinsicht zu prüfen.

In nationaler Hinsicht wird die Fehleinschätzung über die örtliche Zuständigkeit, mithin die Eröffnung durch ein objektiv unzuständiges Gericht, durch Eintritt der Rechtskraft des Eröffnungsbeschlusses geheilt. Das eröffnende Gericht bleibt für die Abwicklung des Insolvenzverfahrens zuständig. Durch eine vorsätzlich oder fahrlässig herbeigeführte Fehleinschätzung wird daher dauerhaft den Gläubigern am eigentlichen Mittelpunkt der wirtschaftlichen Interessen des Schuldners die Einflussnahme aufgrund der größeren Distanz zum dann zuständigen Insolvenzgericht und in der Regel auch dem bestellten Insolvenzverwalter, erschwert. Auch den Ermittlungsbehörden wird die strafrechtliche Verfolgung erschwert, was bei gewerbsmäßigen Firmenbestattungen durch die handelnden Personen regelmäßig beabsichtigt ist.

Durch das nunmehr in die InsO eingeführte Konzerninsolvenzrecht wird es bei Vorliegen einer Unternehmensgruppe möglich, die örtliche Zuständigkeit am Hauptsitz zu konzentrieren. Diese vom Gesetzgeber bewusst geschaffene Möglichkeit zur Verschiebung der örtlichen Zuständigkeit bürgt neben dem geplanten Ziel der örtlichen Konzentration von Konzerninsolvenzen auch Missbrauchspotenzial. Durch den Antrag auf einen Gruppen-Gerichtsstand können bei gleicher Gesellschafterstruktur bestimmte Unternehmen einer anderen örtlichen Zuständigkeit zugeführt werden, obwohl diese operativ nicht zwingend in den Konzern integriert sind. Das Gruppen-Gericht bleibt dauerhaft zuständig für weitere mit dem Unternehmen verbundene Rechtsträger, unabhängig von deren tatsächlichen Mittelpunkt der selbständigen wirtschaftlichen Interessen. Dies ist vom Gesetzgeber mit der Regelung zu Unternehmen untergeordneter Bedeutung jedoch offenbar erkannt und in Kauf genommen worden.

Auf internationaler Ebene wird die Zuständigkeit über den Mittelpunkt der hauptsächlichen Interessen (COMI) geregelt. Hierdurch wird der Mitgliedsstaat bestimmt, in dem das Hauptinsolvenzverfahren zu eröffnen ist. Eröffnet ein international unzuständiges Insolvenzgericht ein Hauptinsolvenzverfahren, hat dieses Verfahren dennoch universelle Wirkung in sämtlichen weiteren Mitgliedsstaaten. Eine Überprüfung ist nicht vorgesehen, es gilt das Prioritätsprinzip.

Später eröffnete Verfahren nehmen die Funktion eines Sekundärinsolvenzverfahrens ein. Bei einer Fehleinschätzung wird das Hauptinsolvenzverfahren mithin vollumfänglich in dem objektiv nicht zuständigen Staat durchgeführt und die Verfahrensbeteiligten sind auf den dortigen Rechts- und Beschwerdeweg verwiesen. Eine Überprüfung mittels Ordre public-Regelung ist aufgrund der restriktiven Handhabung dieser Regelung in diesen Fällen nicht möglich. Bei einer Fehleinschätzung besteht nach Ausschöpfung des nationalen Rechtswegs des eröffnenden Staats lediglich die Möglichkeit im eigenen Staat einen Antrag auf Eröffnung eines Sekundärinsolvenzverfahrens zu stellen, sofern die Eröffnungsvoraussetzung hierfür vorliegen. Dieses Sekundärinsolvenzverfahren beschränkt sich auf die im Staat des Sekundärverfahrens belegene Masse.

Wird ein Sekundärinsolvenzverfahren aufgrund einer Fehleinschätzung des Gerichts entgegen der objektiven Zuständigkeit und der Eröffnungsvoraussetzungen eröffnet, wird dem Hauptinsolvenzverfahren faktisch die im Staat des Sekundärverfahrens belegene Masse entzogen. Es käme lediglich die Regelung des Ordre public in Betracht, um einzelne Vollstreckungsmaßnahmen nicht anzuerkennen. Auch hier sind aufgrund der restriktiven Anwendung keine Erfolgsaussichten gegeben.

Ähnlich verhält es sich mit der objektiv unrichtigen Eröffnung eines Partikularinsolvenzverfahrens. Hier kommt die Besonderheit hinzu, dass ein Hauptinsolvenzverfahren noch nicht eröffnet wurde. Wird zunächst nur ein Partikularinsolvenzverfahren eröffnet und stellt sich später heraus, dass im eröffnenden Staat ein Hauptinsolvenzverfahren durchzuführen wäre, kann ein zwischenzeitlich in einem anderen Staat eröffnetes Hauptinsolvenzverfahren aufgrund des Prioritätsprinzips eine Überleitung des Partikularinsolvenzverfahrens in ein Hauptinsolvenzverfahren ausschließen. Es erfolgt bei versehentlicher Fehleinschätzung über die Voraussetzungen von Partikular- und Hauptinsolvenzverfahren mithin die Reduzierung des eigentlichen Hauptinsolvenzverfahrens auf ein Sekundärinsolvenzverfahren.

Im Rahmen der letzten Reform der EuInsVO wurden sowohl der COMI legal definiert, Annexzuständigkeiten für weitere Rechtsstreitigkeiten im eröffneten Mitgliedsstaat sowie ein Koordinationsverfahren für Gruppeninsolvenzen geschaffen.

Die Vermutungswirkungen bei der Legaldefinition des COMI ermöglichen eine Zuständigkeitserschleichung, indem bei langfristig geplanten Anträgen der Sitz frühzeitig in den bevorzugten Mitgliedsstaat verlegt wird, ohne dass der Mittelpunkt der hauptsächlichen Interessen folgt. Durch den reformierten Art. 5 EuInsVO gibt es jedoch ein Rechtsmittel zur Nachprüfung für die Beteiligten.

Soweit die Eröffnung des Hauptinsolvenzverfahrens durch ein objektiv unzuständiges Gericht erfolgt, ist nach der Reform des Art. 6 EuInsVO auch ein

Gerichtsstand für Annexverfahren in diesem Mitgliedsstaat gegeben. Dies ermöglicht es, Insolvenzverfahren nebst Zuständigkeit für Aktivprozesse des Insolvenzverwalters in einen bestimmten Mitgliedsstaat zu verlegen.

Durch die Einführung eines sogenannten synthetischen Insolvenzverfahrens nach Art. 36 und 38 EuInsVO ist es zudem möglich, Gläubiger an der Eröffnung von Sekundärverfahren zu hindern, soweit eine entsprechender finanzieller Ausgleich sichergestellt wird.

Letztlich hat der deutsche Insolvenzrichter im Rahmen der Eröffnungsentscheidung auch zu prüfen, ob der Insolvenzschuldner im Zeitpunkt der Eröffnung des Verfahrens noch existent und damit insolvenzfähig ist.

Bei juristischen Personen kommt eine liquidationslose Vollbeendigung durch die einschlägigen gesellschaftsrechtlichen Regelungen in Betracht, die eine Eröffnung ausschließt. Kommt es trotz bereits liquidationslos vollbeendeter Gesellschaft zur Eröffnung des Insolvenzverfahrens über deren Vermögen, ist der Eröffnungsbeschluss nichtig und der Insolvenzverwalter nicht wirksam bestellt. Das Insolvenzverfahren würde ohne Rechtsgrundlage durchgeführt und die Verwertungshandlung des Verwalters wären nicht wirksam. Wie bei der Eröffnung des Insolvenzverfahrens durch den unzuständigen Rechtspfleger kommen Amtshaftungsansprüche gegen die handelnden Personen in Betracht. Zudem wird dem letzten verbliebenen Gesellschafter der Zugriff auf das rechtlich bei ihm anwachsende Vermögen entzogen und er haftet gegebenenfalls weiter persönlich für Verbindlichkeiten der Gesellschaft. Dies kann vollständig unentdeckt bleiben, wenn die Beteiligten die Vollbeendigung nicht sehen.

Bei natürlichen Personen kann es während des Insolvenz(antrags-)verfahren zum Tod des Schuldners kommen. Ein bereits eröffnetes Verfahren wird unmittelbar in ein Nachlassinsolvenzverfahren übergeleitet. Ein laufendes Restschuldbefreiungsverfahren wird beendet, da die Restschuldbefreiung nicht mehr erstrebt wird.

Beim Tod des Schuldners nach Antragstellung aber vor Eröffnung des Insolvenzverfahrens ist zu differenzieren, ob es sich um ein Fremdantrag oder ein Eigenantrag handelt. Beim Fremdantrag wird das Verfahren unmittelbar in ein Nachlassinsolvenzverfahren übergeleitet und als solches ggf. eröffnet. Beim Eigenantrag des Schuldners stellt sich die Frage, inwieweit die Erben zu kontaktieren sind.

Wird das Verfahren ohne Rücksicht auf den Tod des Schuldners eröffnet, wäre eine ggf. angeordnete Eigenverwaltung rechtswidrig, da diese beim

Nachlassinsolvenzverfahren nicht vorgesehen ist. Der Sachwalter hätte als Insolvenzverwalter bestellt werden müssen. Der fälschlicherweise bestellte Sachwalter würde ohne gesetzliche Grundlage handeln, beispielsweise bei der Geltendmachung von Anfechtungsansprüchen.

Zudem ergibt sich für die Erben die Folge, dass sie Schuldner im Nachlassinsolvenzverfahren sind. Ein ohne Rücksicht auf den Tod des Schuldners eröffnetes Verfahren, dass dann in ein Nachlassinsolvenzverfahren übergeleitet würde, wenn der Tod bekannt wird, hat für den Erben den Nachteil, dass er vor Eröffnung des Verfahrens nicht mehr die Entscheidung treffen kann, die Insolvenz abzuwenden um den „Insolvenzmakel" zu vermeiden.

Zusammenfassend lässt sich feststellen, dass bei Fehleinschätzungen im Rahmen der Verfahrenseröffnung teils erhebliche Folgen auf verschiedenen Ebenen eintreten. Von Fällen, in denen es zur Unwirksamkeit des Eröffnungsbeschlusses und der Durchführung eines Insolvenzverfahrens ohne Rechtsgrundlage kommt, über die erschwerte Geltendmachung von Gläubigerrechten bis zum Einrücken von Beteiligten in die Schuldnerstellung, ohne deren Zutun, sind diverse insolvenz-, steuer- und strafrechtliche sowie soziale Folgen denkbar und praktisch gegeben. Der Insolvenzrichter hat daher im Wege seiner Amtsermittlung die Eröffnungsvoraussetzungen in der Person des Schuldners genau zu prüfen. Die jüngsten Reformen der InsO und der EuInsVO haben insbesondere die Problematik der Eröffnung entgegen der örtlichen Zuständigkeit eher verschärft.

Literaturverzeichnis

Ahrens, Martin / Gehrlein, Markus / Ringstmeier, Andreas (Hrsg.): Insolvenzrecht, 3. Auflage, Köln 2017

Allgayer, Peter: Rechtsfolgen und Wirkungen der Gläubigeranfechtung, Köln, 2000

Andres, Dirk / Leithaus, Rolf / Dahl, Michael: Insolvenzordnung Kommentar, 4. Auflage, München, 2018

Arbeitskreis für, Insolvenzwesen e. V. (Hrsg.): Kölner Schrift zur Insolvenzordnung, 3. Auflage, Köln 2009

Bähr, Rainer M / Smid, Stefan: Die Rechtsprechung des BGH zur neuen Insolvenzordnung 1999–2006, S-INSO Band 6, Berlin 2006

Beck, Siegfried: Verwertungsfragen im Verhältnis von Haupt- und Sekundärinsolvenzverfahren nach der EuInsVO NZI 2006, 609–618

Beck, Siegfried: Verteilungsfragen im Verhältnis zwischen Haupt-und Sekundärinsolvenzverfahren nach der EuInsVO NZI 2007, 1–7

Beck, Siegfried / Depré, Peter (Hrsg.): Praxis der Insolvenz, 3. Auflage München 2017

Becker, Christoph: Insolvenzrecht, 3. Auflage, Köln 2010

Beth, Stephan: Amtsermittlung des Insolvenzgerichts im Eröffnungsverfahren NZI 2014, 487–491

Beth, Stephan: Die Vorabmitteilung der Aufhebung des Insolvenzverfahrens nach Bestätigung eines Insolvenzplans (§ 258 Abs. 3 Satz 2 InsO) ZInsO 2015, 2017–2019

Biegelsack, Horst: Ist die Übertragung des Versagungsverfahrens der Restschuldbefreiung auf den Rechtspfleger verfassungskonform?, ZInsO 2012, 1009–1014

Bork, Reinhard: Einführung in das Insolvenzrecht, 8. Auflage, Mohr Siebeck 2017

Bork, Reinhard: Ex-Unternehmer als Verbraucher, ZIP 1999, 301–304

Bork, Reinhard / Hölzle, Gerrit Handbuch Insolvenzrecht Köln 2014

Braun, Eberhard (Hrsg.): Insolvenzordnung Kommentar, 7. Auflage, München 2017

Breuer, Wolfgang: Insolvenzrecht – Eine Einführung, 3. Auflage, München 2011

Buchalik, Robert / Kraus, Alfred: Die Abführung von Sozialversicherungsbeiträgen im Eigenverwaltungseröffnungsverfahren ZInsO 2014, 2354–2358

Buchegger, Walter: Insolvenzrecht, Wien 2010

Büttner, Holger: Private Vermögensverwaltung – Abgrenzung zwischen Regel- und Verbraucherinsolvenz, ZInsO 2011, 2201–2212

Büttner, Holger: Erteilung der Restschuldbefreiung für die Erben? ZInsO 2013 588–593

Foerste, Ulrich: Insolvenzrecht, 6. Auflage, München 2014

Frind, Frank Praxis-Prüfstand: Die Vorschläge zur Neuordnung des Insolvenzverfahrens natürlicher Personen – Teil 1, ZInsO 2012, 475–479

Frind, Frank: Die „Vorverfügung" des Insolvenzrechtspflegers: Weder „Faustpfand" noch Lösung für insolvenzgerichtliche Zuständigkeitsregelungen, ZInsO 2012, 2093–2095

Gottwald, Peter: Insolvenzrechts-Handbuch, 5. Auflage, München 2015

Graf-Schlicker, Marie Luise (Hrsg.): InsO Kommentar zur Insolvenzordnung, 4. Auflage, Köln, 2014

Grote, Hugo / Pape, Gerhard: Der Referentenentwurf zur Verkürzung desRestschuldbefreiungsverfahrens und Stärkung der Gläubigerrechte, ZInsO 2012, 409–426

Grote, Hugo / Pape, Gerhard: Verkürzung des Restschuldbefreiungsverfahrens und Stärkung der Gläubigerrechte – Bemerkungen zu dem Regierungsentwurf, ZInsO 2012, 1913–1921

Haarmeyer, Hans / Frind, Frank: Insolvenzrecht, 4. Auflage, Stuttgart 2014

Haarmeyer, Hans / Wutzke, Wolfgang / Förster, Karsten (Hrsg.): Insolvenzordnung Kommentar, 2. Auflage, Köln, 2012

Harder, Sebastian: Die geplante Reform des Verbraucherinsolvenzrechts, NZI 2012, 113–119

Häsemeyer, Ludwig: Insolvenzrecht, 4. Auflage, Köln 2007

Haß, Detlef / Huber, Peter / Gruber, Urs / Heiderhoff, Bettina: EU-Insolvenzverordnung, Kommentar zur Verordnung (EG) 1346/2000 über Insolvenzverfahren (EuInsVO) München 2005

Herchen, Axel: Das Prioritätsprinzip im internationalen Insolvenzrecht, ZIP 2005, 1401–1406

Hess, Harald (Hrsg.): Kölner Kommentar zur Insolvenzordnung, Band 1, Köln 2016

Heyer, Hans-Ulrich: Reform der Verbraucherentschuldung: Übertragung der Zuständigkeit für die Verbraucherinsolvenzverfahren auf den Rechtspfleger, ZVI 2011, 437–439

Heyrath, Michael / Jahnke, Karl / Kühn, Dorothea: Der Tod des Schuldners im Insolvenz- und Restschuldbefreiungsverfahren, ZInsO 2007, 1202–1208

Hüsemann, Bettina: Das Nachlassinsolvenzverfahren (Diss.), Münster 1997

IDWVerlag GmbH (Hrsg.): IDW Standard: Beurteilung des Vorliegens von Insolvenzeröffnungsgründen (IDW S11) Düsseldorf, 2016

Jacobi, Christoph Alexander: Insolvenzrechtsreform zum Verfahren natürlicher Personen, InsbürO 2012, 123–126

Jauernig, Othmar / Berger, Chrsitian: Zwangsvollstreckungs- und Insolvenzrecht, 23. Auflage, München 2010

Joachim, Norbert: Die Haftung des Erben für Nachlassverbindlichkeiten, Berlin, 2011

Keller, Ulrich: Insolvenzrecht München 2006

Kindler, Peter / Sakka, Samy: Die Neufassung der Europäischen Insolvenzverordnung EuZW 2015, 460–466

Kirchhoff, Hans-Peter / Eidenmüller, Horst / Stürner, Rolf: Münchener Kommentar zur Insolvenzordnung, Band 1, 3. Auflage, München 2013

Kirchhoff, Peter / Eidenmüller, Horst / Stürner, Rolf: Münchener Kommentar zur Insolvenzordnung, Band 3, 3. Auflage, München 2014

Kirchhoff, Peter / Eidenmüller, Horst / Stürner, Rolf: Münchener Kommentar zur Insolvenzordnung, Band 4, 3. Auflage, München 2016

Köllner, Rolf E. / Cyrus, Vera: Aktuelle strafrechtliche Fragen in Krise und Insolvenz NZI 2017, 15–18

Kothe, Wolfhard / Ahrens, Martin / Grote, Hugo / Busch, Dörte: Verfahrenskostenstundung, Restschuldbefreiungsverfahren und Verbraucherinsolvenzverfahren, 6. Auflage, Köln 2013

Knof, Bela / Mock, Sebastian: Anmerkung zu EuGH, Urt. v. 02.05.2006 („Eurofood"), ZIP 2006, 911–915

Kreft, Gerhart (Hrsg.): Insolvenzordnung Kommentar, 7. Auflage, Heidelberg 2014

Kübler, Bruno M. / Prütting, Hans / Bork, Reinhard (Hrsg.): InsO – Kommentar zur Insolvenzordnung 78. Ergänzungslieferung, Köln, 2018

Leonhardt, Peter / Smid, Stefan / Zeuner, Mark (Hrsg.): Insolvenzordnung Kommentar, 3. Auflage, Stuttgart 2010

Leonhardt, Peter / Smid, Stefan / Zeuner, Mark (Hrsg.): Internationales Insolvenzrecht Kommentar, 2. Auflage, Stuttgart 2012

Lissner, Stefan: Die geplante Zuständigkeitsübertragung auf den Rechtspfleger im Rahmen der Verbraucherinsolvenzrechtsreform, ZInsO 2012, 681–683

Lissner, Stefan: Die Vorverfügungspraxis im Insolvenzrecht – ein auslaufendes Modell?, ZInsO 2012, 1881–1885

Lissner, Stefan: Der neue Regierungsentwurf des Gesetzes zur Verkürzung des Restschuldbefreiungsverfahrens und zu Stärkung der Gläubigerrechte in der Fassung v. 31.10.2012 und die Konsequenzen für die funktionelle Zuständigkeit, ZInsO 2012, 2282–2285

Mankowski, Peter: / Müller, Michael / Schmidt, Jessica: EuInsVO 2015 München 2016

Mankowski, Peter Zusicherungen zur Vermeidung von Sekundärinsolvenzen unter Art. 36 EuInsVO – Synthetische Insolvenzverfahren NZI 2015, 961–971

Mohrbutter, Harro / Ringstmeier, Andreas (Hrsg.): Handbuch der Insolvenzverwaltung, 9. Auflage, Köln 2015

Nerlich, Jörg / Kreplin, Georg (Hrsg.): Münchener Anwalts Handbuch Insolvenz und Sanierung, 2. Auflage München 2012

Nerlich, Jörg / Römermann, Volker (Hrsg.): Insolvenzordnung, 37. Ergänzungslieferung, München 2018

Nitsch, Karl Wolfhardt (Hrsg.): Handbuch des Insolvenzrechts, 1. Auflage, Bremen 2011

Pannen, Klaus (Hrsg.): Europäische Insolvenzverordnung Berlin 2007

Pape, Gerhard / Uhlenbruck, Wilhelm / Voigt-Salus, Joachim: Insolvenzrecht, 2. Auflage, München 2010

Pape, Gerhard / Uhländer, Christoph (Hrsg.): NWB Kommentar zum Insolvenzrecht, Herne 2013

Paulus, Christoph: G. EuInsVO Europäische Insolvenzordnung, 4. Auflage, Frankfurt am Main, 2013

Prager, Martin / Keller, Christoph: Der Vorschlag der Europäischen Kommission zur Reform der EuInsVO NZI 2013, 57–64

Rauscher, Thomas / Krüger, Wolfgang (Hrsg.): Münchener Kommentar zur Zivilprozessordnung Band 2, 5. Auflage, München 2016

Reinfelder, Waldemar: Arbeitsgerichtliche Streitigkeiten und die Insolvenz des Arbeitnehmers NZA 2009, 124–129

Reischl, Klaus: Insolvenzrecht, 4. Auflage, Heidelberg 2016

Reuß, Philipp: Europäisches Insolvenzrecht 3.0 oder doch nur Version 1.1? EuZW 2013, 165–169

Ringstmeier, Andreas / Homann, Stefan: Masseverbindlichkeiten als Prüfstein des internationalen Insolvenzrechts NZI 2004, 354–358

Roth, Jan: Die Eröffnungsgründe im Nachlass-insolvenzverfahren ZInsO 2009, 2265–2271

Säcker, Franz Jürgen / Rixecker, Roland / Oetker, Hartmut (Hrsg.): Münchener Kommentar zum Bürgerlichen Gesetzbuch, Band 11 6. Auflage, München 2015

Schmerbach, Ulrich: Der Tod des Schuldners im Verbraucherinsolvenzverfahren NZI 2008, 353–354

Schmerbach, Ulrich: Der Tod des Schuldners im Insolvenzverfahren InsbürO 2009, 251–258

Schmerbach, Ulrich: RefE 2012: Geplante Änderungen im Restschuldbefreiungsverfahren und Vollübertragung auf den Rechtspfleger, NZI 2012, 161–168

Schmidberger, Beate: Die zweite Stufe der Reform des Insolvenzrechts – Analyse und Anregungen, Rpfleger 2012, 297–304

Schmidt, Andreas (Hrsg.): Hamburger Kommentar zum Insolvenzrecht, 6. Auflage, Köln, 2017

Schmidt, Karsten: Konsolidierte Abwicklung von Personengesellschaften bei simultaner Gesellschafterinsolvenz?, ZIP 2008, 2337–2347

Schmidt, Karsten (Hrsg.): Insolvenzordnung 19. Auflage, München 2016

Smid, Stefan: Internationales Insolvenzrecht, S-INSO Band 17, Berlin 2009

Smid, Stefan: Handbuch Insolvenzrecht, 6. Auflage, Berlin 2012

Smid, Stefan: Vier Entscheidungen englischer und deutscher Gerichte zur europäischen internationalen Zuständigkeit zur Eröffnung von Hauptinsolvenzverfahren, DZWIR 2003, 397–404

Smid, Stefan: Judikatur zum internationalen Insolvenzrecht, DZWIR 2004, 397–411

Smid, Stefan: Voraussetzungen der Eröffnung eines deutschen Sekundärinsolvenzverfahrens – Geltendes Recht und Reformpläne, ZInsO 2013, 953–970

Smid, Stefan: Gerichtsverfassungsrechtliche Fragen zum künftigen Konzerninsolvenzrecht, ZInsO 2016, 1277–1285

Smid, Stefan / Zeuner, Mark / Schmidt, Michael (Hrsg.): Neue Fragen des deutschen und internationalen Insolvenzrechts, S-INSO Band 1, Berlin 2005

Stahlschmidt, Jasper / Barthelheimer, Hubertus: Änderungen bei der Konzerninsolvenz in Eigenverwaltung durch das Gesetz zur Erleichterung der Bewältigung von Konzerninsolvenzen – Frischzellenkur auch für DAX-Unternehmen? ZInsO 2017, 1010–1018

Stephan, Guido: Der vorläufige Treuhänder im Regierungsentwurf zur Entschuldung mittelloser Personen, ZVI 2007, 441–447

Hirte, Heribert / Vallender, Heinz (Hrsg.): Uhlenbruck Insolvenzordnung Kommentar 15. Auflage, München 2019

Vallender, Heinz: Erste gerichtliche Erfahrungen mit dem Verbraucherinsolvenzverfahren, ZIP 1999, 125–130

Vallender, Heinz (Hrsg.): EuInsVO Kommentar 1. Auflage, Köln 2017

Vallender, Heinz / Laroche, Peter: 13 Jahre sind genug! – Plädoyer für die Abschaffung des (eigenständigen) Verbraucherinsolvenzverfahrens, VIA 2012, 9–11

Willemsen, Reinhard / Rechel, Janine: Kommentar zum ESUG - Die Änderungen der InsO, Frankfurt am Main 2012

Wimmer, Klaus (Hrsg.): Frankfurter Kommentar zur InsO, 8. Auflage, Köln 2015

Wimmer, Klaus / Dauernheim, Jörg / Wagner, Martin / Gietl, Josef: Handbuch des Fachanwalts Insolvenzrecht, 7. Auflage, Köln 2015

www.ingramcontent.com/pod-product-compliance
Ingram Content Group UK Ltd.
Pitfield, Milton Keynes, MK11 3LW, UK
UKHW021940290926
8980IPUK00016B/1731

9 783631 804971